After *the* Breakup

感情結束後，一個人的自癒覺醒

療癒分手歷程，找回自我價值，前進更好的未來

A Self-Love Workbook: A Compassionate Roadmap to Getting Over Your Ex

塔瑪拉・湯普森／著
Tamara Thompson
祁怡瑋／譯

本書為愛而生
獻給分手後
踏上自我實現與愛自己之路的傷心人

目錄

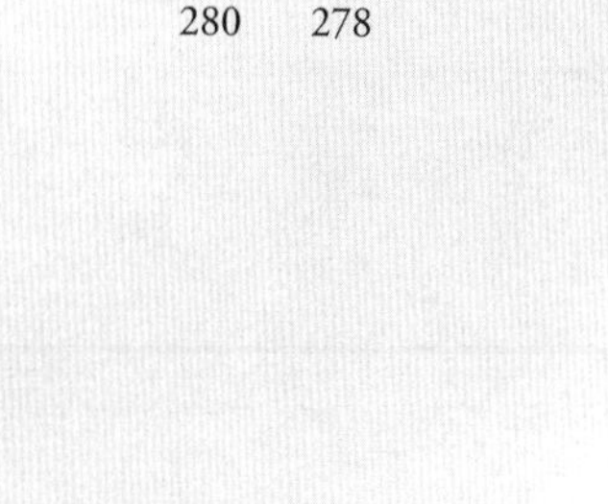

自序——「愛自己」是療傷最棒的起點

歡迎打開這本書。我的名字叫塔瑪拉，是一個領有執照的婚姻家庭治療師，已經執業十多年。我結過婚、離過婚，又交了男朋友，現在感情穩定，有兩個滿酷的小孩。我累積了一堆跟愛、承諾、感情、溝通、創傷和不忠有關的研究所教育學分。姑且說愛和感情的課題令我著迷吧！

分手後的療傷與個人成長是我很熱中的課題，不只因為我自身的經歷，也因為幫助別人走出情傷占據了我職業生涯的一大部分。我在紐約市跟成千上萬的個案與夫妻工作過，也從開始到結束陪伴我的親友走過他們的感情。這些經驗讓我體認到：「愛自己」是療傷最強大的工具和最棒的起點。

心碎當下，我想要的就是讓自己好過一點，但又不確定該怎麼做。我先是大吃大喝狂運動，後又不吃不喝躺著不動。我換了新髮型，天天交際應酬，為了岔開自己的思緒保持忙碌。我茫然地找尋讓自己好過一點的速效藥。雖然大家都知道最完美的計畫不見得有效，但我相信分手後有計畫的自療行動，可以為你帶來富有同理與自覺的體會，並一路支持你朝放下前任、愛上自己的目標邁進。

這本書是《分手後：愛自己心情手札》（*After the Breakup: A Self-Love Journal*）的姊妹作。這兩本書彼此互補，可以同時一起閱讀，也可以依序先後閱讀。當然，你也可以單看這本習作簿，幫助我無數個案治療情傷愛自己的常用工具、練習、自我鼓勵和具體辦法，都包含在本書當中了。

分手是人生中的一項挑戰，有可能勾起各式各樣的複雜情緒。這本習作簿是支撐你消化情緒、治療情傷、繼續前進的工具，它無意取代心理諮商、藥物治療或專業醫療，但在接受心理治療的過程中，它可以當作一件很棒的工具。
恭喜你展開你的自療計畫，這已經是愛自己的一種表現了。

如何使用本書？

這本習作簿分成兩個部分。第一部「分手後找回自己的力量」有兩章，著重於介紹分手和愛自己的概念。第二部有六章，每一章都有多個元素輔助你了解和消化那一章，並將學到的東西應用到你個人的處境中。此外也有八篇的案例分享，提供與各章內容相關的真實故事。

雖然這本書有許多一體適用的資訊，但它也是一本專為個人量身打造的放下前任、愛自己的工具書。在書頁上寫下你的念頭、感受和想法時，它就變成個人專屬的一本書了。愛怎麼用完全操之在你。這本書有它安排好的順序，但這是你的習作簿和你的療傷過程。你可以反覆練習自己覺得有用的習作，也可以跳過或直接去做特定的習題。用螢光筆標出屬於你的重點，以便快快翻到對你有幫助的地方。

每個單元都有一則激勵小語，用意是要鼓勵和提醒自己：「你可以的！」自我激勵是扭轉自我打擊的負面思維和負面行為的好辦法。一邊寫下激勵小語，一邊複誦和觀想。把寫好的激勵小語貼在你的生活空間當中，時時提醒自己抱持正面的態度，並鼓勵自己持續練習、達到目標。

第一部

分手後找回自己的力量

第一章

聊聊分手這件事

說到分手這件事，我們通常都談些什麼？通常，我們談的是分手有多難、分手有多痛、我們心裡作何感受、一段感情的結束多麼令人無法接受。我們也會懷疑要如何重新把焦點放回自己身上，更別提重新敞開心扉迎接愛情。最需要調適的地方，或許在於生活的改變和希望的破滅，我們期待的未來永遠不會實現了。通常，有好多東西要消化。

本章會帶你一一認識分手後的想法和感受，建議你在每讀完一點之後，給自己一個機會正視內心湧現的種種感受。你或許會對某幾點特別有共鳴。為了把這段分手後愛自己的旅途繼續下去，本章結尾特別整理了一些重點，幫忙你做好進入到下一章的準備。

◎案例分享

我想知道愛是什麼

「去他的愛情」是三十一歲的亞曼達寫在 email 主旨欄的標題。她固執地說她「結婚可不是為了離婚」，哀嘆即使她有一對結褵三十五年的父母，她自己的婚姻卻「很失敗」。亞曼達是家中長女，並自稱是他們家的模範生，「從不犯錯」。當結婚三年的老公麥克說要離開她，因為他對她已經沒感覺了，亞曼達深受打擊，三個星期就瘦了五公斤，還差點丟了工作，因為她上班老是不專心，情緒也不穩定。

亞曼達表示事前都沒有徵兆。她承認婚後和麥克親熱的次數很快就開始減少，麥克也表達了他對性生活的不滿，但她沒想到他會毅然結束婚姻。亞曼達說她現在需要幫助，而她需要幫助的地方，在於她想知道「如何讓這些荒謬的感覺停下來」？

眼下她並不想去探究她的感受，只希望這些感受消失不見。我說我懂她的心情，但並未回答她的問題，而是問她一個能為我們的合作訂出方向的問題：

「愛自己要怎麼愛？」

她一語不發啜泣了五分鐘，然後擦擦眼淚笑著說：「我也想知道。」

於是，我們的工作就從這裡開始了。

分手可難了

還記得剛開始在一起的時候嗎？還記得初識對方時，腦海裡滿是多巴胺、血清素和催產素，天然的幸福荷爾蒙讓你整個人飄飄然嗎？墜入愛河、確立關係的幸福不只在於當下沉浸在美好的感受中，也在於未來有了安全與穩定的保障。你相信自己找到「對的人」，有希望完成終身大事了。你相信這個人就是可以依靠和共度一生的對象。嗯，直到再也不是這麼一回事……

接下來呢？接下來是衝突，是結束。幸福荷爾蒙很快就被皮質醇和腎上腺素等壓力荷爾蒙取而代之。曾經感覺像在幸福的巔峰，現在卻感覺掉到憂鬱的谷底。在一起的時間長短不等同於心痛的程度。無論是只交往幾個月，還是交往十多年了，分手後，你的心都會很痛。身為心理治療師，我遇過許多心碎的人。我的心也曾感受過一段感情結束的劇痛。沒人會反對「很難」兩個字不足以形容分手。你必須放下曾有的一切，邁向未知的明天。你不得不改變。分手擊碎了你對這段感情和未來人生的信念。分手真的太難了。

你會有什麼感覺？

分手後，多數人都想盡快讓心裡好過一點。常有人會去尋求文字作品（例如這本書）的支持。也有許多人會去徵詢朋友的意見，或透過社群媒體和搜尋引擎搜集資料。「分手後常見的感受」是搜尋率很高的關鍵字，因為大家想找自己有共鳴、有同感的相關資料。讀到別人類似的經驗，你就可以從中得到安慰。在一切感覺都很失控的情況下，增廣見聞會讓人感覺得到力量。

最重要的是：你會有什麼感覺並不一定。只有你才能定義這些隨時冒出來的獨特感受。在認識自身感受的過程中，內省是一定要的。到了這本書的第二部，你將有機會更深入自己的感受。

本單元則囊括了大家在分手後普遍都有的感受。瀏覽接下來的情緒清單有助你審視自己，看看你有沒有清單上列出來的各種感受。溫馨提示：在逐一閱讀各段內容的空檔，深呼吸幾口氣會有幫助。

氣憤

許多人都表示在分手後有氣憤的感受。有些人很氣他們的前任，怪他們結束這段感情。有些人則很氣自己，要麼氣自己在這個人身上耗得太久，要麼氣自己沒早點察覺警訊。也有些人氣人生無常，人變了，情也變了。還有些人氣他們得處理痛苦的情緒，一切歸零、從頭來過。面臨感情的結束，氣憤通常只是附屬的情緒，意思是在氣憤背後通常藏著另一種更痛的情緒（例如「傷心」）。

絕望

絕望是分手後最難克服的感受之一。分手後人常常容易變得負面。剛開始在一起的時候，多數人都是滿心甜蜜，對兩個人的未來充滿希望。分手後，甜蜜變成苦澀，希望化為絕望。絕望的感覺可能會消磨一個人的意志，並對心理健康有負面的影響，甚至導致憂鬱症、焦慮症及其他各種身心症。絕望通常伴隨著扭曲的認知和非理性的想法。克服絕望需要時間，也需要用心。

只要能挽回，做什麼都願意

有時候，感覺守著你已經知道的好像比較容易。根據家庭系統理論，保持穩定狀態的想法使人為了維繫感情而奮鬥。包文❶的理論將家庭系統視為一個活生生的有機體，家庭中的成員彼此依賴。分手後，情感上的切割因此令人痛苦。腦中也會產生類似上癮作用的化學改變，挽回前任感覺起來就像是止痛特效藥。為了減輕痛苦什麼都肯做的渴望很常見，但不見得健康。挽回對方不是目標，為自己好才是目標。針對個人需求採取健康的作法、確保自己的安全、對自己的價值有充分的認知才是目標。

譯註❶：一九五〇年代，美國心理學家莫雷．包文（Murray Bowen）提出家庭系統理論（family systems theory），奠定了全人系統療法（Systemic therapy）的基礎。

難堪

一段感情失敗收場，可能對自尊或自我感覺造成打擊。正如同前例中的亞曼達吐露的心聲，她「結婚可不是為了離婚」。她向來都很成功。她以自己為榮，也為成功的婚姻自豪。感情結束後，你不得不公開自己目前的感情狀態。被分手的一方往往覺得很難堪，為了對外保持美好的形象，有時他們會說分手是雙方共同的決定。

麻木

分手後波濤洶湧的情緒可能令人無法招架，在創傷面前，你的身心就啟動了關閉機制。分手可能導致壓力指數驟升，進而導致情緒麻痺的反應。麻痺可以是一種防衛機制，它迫使你暫時脫離情緒壓力。我曾碰過個案一開始來晤談時表現得極度痛苦，下一週來晤談時反應卻很平淡，呈現出心力耗盡、什麼都不在乎的樣子。值得注意的是，情緒麻痺也可能是憂鬱症或焦慮症的症狀，而且有可能被誤以為只是在否認或逃避。

生理症狀

彷彿精神壓力和心理上的痛苦還不夠，許多人表示在分手後還冒出生理上的症狀。不只是感覺不舒服而已，而是身體真的不舒服——反胃、想吐、頭痛、疲倦，都是分手後常有的感覺。胸痛、喘不過氣、頭暈都是章魚壺心肌症（takotsubo cardiomyopathy）的症狀。章魚壺心肌症又叫做心碎症侯群（broken-heart syndrome），是一種暫時性的心臟病，通常為時二至四週，它會影響心臟輸送血液的效能。像是分手之類劇烈的情緒打擊，就有可能引發章魚壺心肌症，需要醫生專業的檢查、診斷和治療。

孤單寂寞

孤單寂寞是分手後很常見的感受。多數人戀愛結婚有部分的慰藉，來自於情感上有個依賴的對象，即使雙方關係已經很緊張或很疏遠，感覺自己擁有某種陪伴、錯覺自己並不孤單，還是能讓人得到安慰。恢復單身之後，不能再跟對方有所往來、沒有感情上的話題可以拿來跟親友聊，都是很難適應的地方。空閒的時間通常會勾起孤單寂寞的感受，所以，不妨找一些有創意的方式填滿你的時間，投向友情的懷抱也是一個辦法。

百感交集

前面列出來的感受只是其中幾種，你現在可能還有許多其他的感受。這些情緒冒出來的時候，你可能很難承認、接受和理解。有時候，光是其中一種感受就令你招架不住了，五味雜陳的情緒同時一湧而上又會怎麼樣呢？你可能一面覺得如釋重負、興奮莫名，一面覺得既氣憤又焦慮。各種組合沒完沒了，你也無法預料它們出現的頻率和時間長短。情緒來襲時，一定要記得這段期間你會有各種來了又去的念頭和感受，而這一切都值得你的體察、接納與包容。

哀悼就是療癒，而且有其必要

我不斷遇到小看分手對身心健康之衝擊的人。不是只有生命的逝去才值得哀悼。當你愛的人事物被奪走，哀悼本身就是對精神折磨的自然反應。各式各樣的失去都會令人湧現悲痛之情，包括失戀在內。

哀悼是療癒過程的一部分。雖然放下過去向前走是有必要的，但要做到放下過去向前走，你就必須面對傷心、震驚、不敢相信和絕望等不愉快的情緒。由於哀悼的過程有可能很痛苦，許多人就不自覺地迴避或刻意忽視，拖過一天又一天。沒有處理的情緒不只會纏著你，也會限制你。未獲正視的傷痛有可能妨礙你面對真實的自己，導致你沒辦法活得真實、沒辦法好起來，更別提敞開心扉重新去愛。

伊莉莎白・庫伯勒－羅絲醫生（Dr. Elisabeth Kübler-Ross）提出了所謂的

悲傷五階段：「否認」、「憤怒」、「追悔」、「憂鬱」和「接受」。許多人都對這套理論耳熟能詳，儘管她的研究具有開創性，但有些人因此對哀悼過程有了僵化的想法，以為一旦按照順序完成這五個階段，他們就痊癒了。

哀悼過程不是一直線的。這個過程沒有終點，只有向前進的能力。一路上詭譎多變，忽而風平浪靜，忽而驚濤駭浪，你可能一下子覺得豁然開朗，一下子又無預警陷入深深的悲傷。接受事實、學會為逝去的感情和這段感情所代表的一切哀悼，有助你好起來、向前走。事實上，哀悼不只有幫助，而且有必要。

哀悼有沒有正確的方式？

雖然照章行事完成哀悼的過程是有好處的，但沒有人能告訴你該如何哀悼。如何面對感情的結束跟一些純屬個人的因素有關。你的個性、家庭背景、你用來安慰自己的方式，還有你的依附模式，都會影響哀悼的過程。只有從鏡子裡望著你的那個人才知道你確切的感受。

庫伯勒－羅絲從未想過要把哀傷五階段當成一套固定的公式，她自己也說：「五階段理論無意將混亂的情緒整齊打包……我們的悲痛就跟我們的人生一樣獨一無二。」

每段感情都不一樣。每段感情的結束都不一樣。感情的結束對每個人的意義各不相同，不同的人會怎麼哀悼也是各不相同。分手促使很多東西浮上檯面，也刺激我們去問「為什麼分手這麼痛？」「我上次感受到這種失去的痛苦是什麼時候？」「我需要的是什麼？」等等的問題。

有一個辦法可以用來完成屬於你的哀悼過程，那就是承認自己的感受、不帶論斷地接納和肯定內心浮現的情緒、持續給自己無條件的愛和包容。

每當有個案問我：「哀悼有沒有正確的方式？」我都告訴他們：當然有！只要不傷害自己或別人，你的方式就是正確的方式。

未知可能很可怕

「可以預知的未來」是一種保障。有計畫、有路線圖、有明確的指示和方向，通常都會帶給我們安全感。人類的天性是慎防意外、尋求熟悉與穩定。當你的人生計畫和感情藍圖亂了套、熟悉的一切不復存在，那會怎麼樣呢？這時，你就要面臨「接下來呢」的問題。

未知可能很可怕。分手最大的考驗之一，在於你曾經熟知的生活結束了。無論你想不想，改變都是不可避免的。你不得不迎向未知。無論在你低潮時前任曾是你最大的支柱，還是你不曾從前任那裡得到情感上的支持，現在你都要學著為自己提供你應得的愛、疼惜與支持。

根據美國心理學會（American Psychological Association），人對安全感的需求是「渴望免於疾病與危險的威脅，活在安全、熟悉、穩定的環境中。安全感需求（Safety needs）構成馬斯洛（Maslow）人類需求五層次中的第二層，僅次於基本生理需求」。為了給自己安全感，多數人都會追求一個「意料之中的熟悉環境」。

分手後，你帶著另闢蹊徑的機會，來到新世界探索陌生的領域。你已經採取應對的措施，讓這個過程不要那麼可怕了。你已經在努力了。

從「沒有時間表」當中得到安慰

為逝去的戀情哀悼通常要多久？幾星期？六個月？一年？端看個人而定。如果有七天內三步驟忘掉前任的絕招，我自己就會拿來用了，而且一定會跟大家分享！

在無力、茫然或害怕的時候，我們想要答案。我們想知道心何時不再痛。失戀很傷，而「時間可以撫平一切傷痛」這句老話聽起來只令人洩氣，因為我們等不及想好起來了。看不到盡頭的感覺很可怕。

與其一心想著還要難過多久，不如把重點放在練習愛自己，允許自己慢慢好起來，不必急著完成哀悼的過程。一旦放下控制的想法，順其自然，給自己無條件的愛、接納與疼惜，你就已經踏上療癒之路，也就可以覺得很欣慰了。你有能力走出來、好起來，給自己省視內心感受的時間與空間，相信自己會好的，肯定自己走過的每一步都是獨一無二的。

當每個人都有意見

人總是會有意見。有些人會說出來，有些人會選擇不說。雖然多數人都是想幫忙，他們的出發點只是想讓你好過一點，但不請自來的建議和意見未必受歡迎。

分手後，周遭親友常會跑來說些自認很有智慧的金玉良言，或是熱心為你提供自認有幫助的資訊。有人關心或許是一種安慰，但也可能令人無所適從、招架不住，尤其如果在目前這個療傷階段，你對那些七嘴八舌的意見就是沒有共鳴。你必須確認自己此時願意跟親友吐露多少、你的界線在哪裡，以及你需要他們給予什麼樣的支持。

感謝並肯定他們的關心與陪伴就夠了。如果他們的談話令你不舒服，你其實不必繼續下去。我鼓勵你想一想自己願意談些什麼、希望得到哪一方面的建議。一旦你能認清自己需要什麼、想要什麼，乃至於你的界線在哪裡，你就能把自己調整好，準備迎向感情的成功了。

從有幫助的地方尋求支持

在人生遭逢巨變後，剛開始的六個月內，人的行為因此改變，對自己、對世界都產生負面的觀感，這種現象在臨床上稱之為「適應障礙症」（Adjustment disorder）。分手可被視為人生的巨變。常見的適應障礙症狀包括罪惡感、焦慮、憂鬱、絕望、衝動的行為，以及失去自信。

在分手之後，尋求支持很重要。有不同的地方和空間都可以提供幫助。這是哀悼過程另一個操之在你的部分，你可以根據自己的想法，選擇最適合自己的做法。可供選擇的治療方式五花八門，包括線上和實體的心理諮商、瑜伽、冥想、podcast、書籍和靈修。我推薦人跟人的接觸。

心理諮商是絕佳的精神支柱，雖然費用可能很高，但現今許多治療師都有提供一般人負擔得起的優惠方案和團購方案。也有一些社區中心、教會組織或醫療院所，提供免費或平價的諮商服務。即使你覺得自己好像不需要，但展開心理諮商之旅還是會有幫助。你也可以向願意支持你的朋友或家人求助。你不必獨自面對這個過程。求助既是承認內心的脆弱，也是勇敢的表現。在這本書末的「求助資源」單元，你也可以找到更多的資源。

有時候，照顧自己就只是刷牙那麼簡單的事

剛分手之後，許多人都會覺得整個人瞬間洩了氣。重新振作很累人，你可能連自己都懶得照顧。分手後，照顧自己成為一項艱鉅的挑戰，但就算力不從心，照顧自己還是很重要。你可能在心裡自言自語道：「何必費這個事呢？」擁抱這些念頭，然後提醒自己你很重要。

我還記得「自我照顧日」的說法剛流行起來的時候，這天通常都要奢侈一下，像是做做spa啦、來個週末小旅行啦。但我漸漸體認到，自我照顧不一定要很貴或很奢侈。照顧自己也可以只是刷牙那麼簡單的事。

二〇一四年，海軍上將威廉・哈里・麥克雷文（William H. McRaven）在德州大學奧斯汀分校（University of Texas at Austin）向畢業班致詞時說：「如果你想改變世界，那就先從摺被子做起。」意思是完成一件小事就能為接下來

的一整天鋪路。

以現階段而言，你只要把自我照顧想成顧好最基本的需求即可。善待自己，給自己無條件的愛與同理。起床走到浴室刷牙就是在照顧自己。記得對自己說話要溫柔，用愛引導自己，不去論斷你照顧自己的方式。無論你是怎麼照顧自己的，隨時隨地練習感激自己的努力、肯定你對自己的照顧。

是時候把焦點擺在自己身上了

分手後，人很容易把焦點擺在前任及兩人過去的相處上。你一不小心就會開始苦思是哪裡出了錯，或是滿腦子想著分手這件事，因而錯過了親近自己的機會。不把精神和注意力放在自己身上，卻放在其他的人事物身上，只會拖慢你復原的腳步。請允許自己把焦點拉回來吧！

自從分手以來，上一次你全心全意專注在自己身上是什麼時候？有時，為了迴避自己的感受，我們讓自己深陷日常生活的各種雜事之中。此時，這些雜事能讓我們心裡好過一點，因為我們在為自己轉移焦點，我們下意識地（也有時是有意識地）讓自己不必面對自己。

面對內心的感受、了解自己的狀況是一種勇敢的行為，這麼做是去正視自己難以直視的部分。給自己全部的注意力，你才能了解到自己現在需要什麼。你才能溫柔地照顧自己、善待自己。你才有辦法休息和消化這一切，也才有辦法好起來和愛上自己。你值得自己的關注，儘管過程不容易，但絕對是值得的。

重點整理

恭喜你讀完本書的第一章。第一章的宗旨在於讓你明白你現在的感覺都是正常的，並鼓勵你不要小看自己的感受和經歷。你的療傷過程就跟你一樣獨一無二。

- 沒人會反對「很難」兩個字不足以形容分手。心理諮商是絕佳的精神支柱。即使覺得不需要，嘗試心理諮商的療程還是會有幫助。
- 與其一心想著還要難過多久，不如把焦點放在為自己療傷。允許自己慢慢來、不要急。切記，哀悼不是直線前進的。
- 分手後還要照顧自己可能很困難，但就算你力不從心，照顧自己還是很重要。

- 問問自己願意向旁人吐露多少心事、你的界線在哪裡，以及此時你需要什麼樣的支持。
- 此時最令人興奮的就是：一旦決定把焦點放在自己身上並付諸實行，你就會越來越熟悉這個全新的、最真實的自己。

第二章

現在是你最值得被愛的時候

對許許多多的人來講，「愛」這個強而有力的字眼代表著許多含義。無論我們再怎麼嘗試定義它，任何一個定義都無法概括它所有的含義。據估有上億首跟愛有關的情歌。愛是那麼神祕。我們渴望得到它。得到的時候，我們覺得幸福洋溢。失去的時候，我們覺得痛苦莫名。要怎麼把心痛變不見呢？

心痛的感覺不會一夜之間消失無蹤。要減輕內心的痛楚、修補破碎的心，甚至重新敞開心扉，還得從有意識地練習愛自己開始。本章將帶領你開始探索何謂愛自己，以及分手後愛自己的好處。此時最不該做的就是自我批判、自我否定或自責。此時要做的是懷著對自己的同理，探索你和「愛自己」的關係。

讀完本章，你將更清楚「愛自己」對你而言的意義。

◎案例分享

找回自己的聲音就是愛自己的一種形式

「我只覺得麻木。」第一次的晤談，艾力克斯輕聲形容著兩年戀情結束那天的感覺。

艾力克斯決定分手時，他和莎曼珊同居在一起。艾力克斯是單親家庭出身，在三個孩子當中排行老大，很習慣扮演照顧者的角色。莎曼珊則是中產階級雙親家庭的獨生女。

艾力克斯認識莎曼珊不久，戀情就快速發展。雙方都符合對方的需求，兩人看似天造地設的一對。艾力克斯天生喜歡照顧人，這輩子也一直在扮演照顧者，他很樂意滿足莎曼珊的需求。久而久之，在這段感情中，艾力克斯失去了他的聲音。莎曼珊每星期都想跟朋友出去玩兩、三個晚上，艾力克斯很難接受。對他來講，跟對方共度時光就是表達愛的方式。艾力克斯表達了他的不滿，但莎曼珊的行為沒有改變。

艾力克斯最後的努力，就是問莎曼珊願不願意一起去做伴侶諮商。莎曼珊表示：「沒興趣。反正我不會改變！」艾力克斯聽了豁然起身說：「不必麻煩你，我來改變就行了。」當晚，艾力克斯離開了莎曼珊。

歷經六個月的諮商，我問艾力克斯：「你曾說分手那天的感覺就是『麻木』。那現在呢？」艾力克斯答道：「我覺得心痛。我不再覺得麻木了。覺得心痛的同時，我也感受到『愛』。一旦發現對自己的愛，一切就都不一樣了。我是那麼渴望愛自己。我永遠也不會忘記自己值得愛。」

愛自己是什麼

根據韋氏字典，英文的 self-love 是一個名詞，定義是「對自己的愛，例如……欣賞自己的價值或優點。」

坦白說，我很訝異「愛自己」沒被當成一個動詞。愛自己是一種實踐，是你跟自己說話的一種方式，也是一種尊重自己、為自己付出的方式。愛自己是有意識地決定要接納自己、同理自己、給自己無條件的愛。我是心理系的，不是英文系的，但在我這門學科，「愛自己」是一個行動。

「愛自己才能愛別人」是大家耳熟能詳的一句老話。還記得二十出頭時，我只覺這是一句芭樂話，不必花心思去想它。然而，一旦明白了這句話的奧義，你或許也會體認到這句至理名言的影響力。

愛自己的實作練習教我們全心全意愛自己、尊重自己的界線、照顧自己的健康快樂。透過對自己的愛，我們也學會如何全心全意愛別人和接納別人。「論斷」到此為止，無條件的愛才是王道。

在練習愛自己的過程中和旅途上，對於什麼叫做愛自己，你會摸索出自己覺得最有共鳴的定義。

愛自己不是什麼？

從社群媒體看到或聽人分享他們愛自己的方式時，我總覺得很神奇，因為我不斷發現大家對愛自己是什麼、我們「應該」如何愛自己的想法都不一樣。儘管我深信每個人對「愛自己」都可以有自己的定義，但釐清愛自己「不是」什麼，也有助於了解什麼叫做愛自己。

愛自己不是自私自利（除非是出於為自己好），不是自我迷戀、自我膨脹或自以為高人一等。

愛自己不是罪。有些人被灌輸了愛就是犧牲奉獻的觀念，認為照顧自己違背了他們的價值觀和道德觀。我的個案就向我透露過，他們覺得優先考慮自己是「不對」的，甚至，只是把自己看得跟別人一樣重要都是「不對」的。

愛自己不是放縱的藉口。愛自己不是只顧享樂，不是為了讓自己好過一點就可以傷害別人、揮霍無度或不顧後果。

愛自己不代表缺乏責任感。愛自己不是容許自己不負責、不體貼、不可靠的藉口。雖然有時你可能應付自己的問題就夠頭痛了，沒辦法顧及他人，但愛自己不是一個不用為自己的行為負責的藉口。對自己的愛是有責任感的、表裡一致的、富有同理心的。

找到愛自己對你而言的定義很重要，明白愛自己「不是」什麼也很重要。

為什麼愛自己那麼難？

愛自己應該很簡單啊。以無條件的愛、接納與同理來對待自己應該是人的本能吧？理論上確實如此，但在實際上，「應該」怎麼樣不見得就會怎麼樣。

愛自己為什麼那麼難？

自我批判。無論是刻意選擇用打擊自己的方式來激勵自己，還是因為家庭背景和社會期望的緣故，下意識否定自己，人都會自我批判。

比較心理。一跟別人比較，我們就很難愛自己了。人在拿自己跟別人比較時，通常都會強調「不夠好」的部分：「跟××比起來，我就是不夠○○○。」

沒人教。多數人從未學過或看過「愛自己」是什麼樣子或什麼感覺。我們學到的通常是如何表現對別人的愛，沒人教你如何表現對自己的愛。

自我的陰暗面。要愛自己耀眼、備受稱讚、有人肯定的部分很容易，要接受自己不討人喜歡、不可愛甚至很黑暗的部分就難了。心理學家兼精神分析大師榮格曾說：「自覺不是來自於想像自己美好光明的形象，而是來自於意識到自己的黑暗面。」不去面對自己的黑暗面，也就沒辦法愛自己的全部了。

自我苛責。你覺得很難愛自己，可能是因為你對自己比對別人嚴苛。現在你得改改這種毛病了。

受到拒絕時

當我們受到別人的喜愛、稱讚、尊敬和重視，要愛自己和接納自己就比較容易。在我的執業生涯中，多數時候，當個案談到他們想學習如何不要什麼事都往心裡去，他們的意思其實是如何不要把傷人的言行舉止往心裡去。把中聽的話聽進去很容易，因為誰不想受到稱讚呢？但如果你想練習「什麼事都不要往心裡去」，那意謂著要把一切的一切，包括讚美在內都不當一回事。

無論你是不是主動結束的一方，你都知道感情受挫有多傷。多數人都渴望被愛，尤其是被自己愛的人愛。當你愛的人表現出感覺像是拒絕你的言行舉止，這對你的自信和自尊都可能造成影響。

多數人心裡都有一套「我哪裡哪裡不夠好」的劇本，別人的拒絕又更強化了這樣的自我認知。愛自己本來就已經很難了，受到拒絕的時候，這件事又變得更難了。要如何不往心裡去呢？受到拒絕的時候，你要提醒自己你是值得被愛的。就用你渴望的愛與尊重來對待自己，接受並擁抱你在受到拒絕時的所有感受。人生中總有受到拒絕的時候，然而，別人的拒絕不影響我們對自己的愛。

生活中哪裡少愛自己了？

在繼續學習愛自己是什麼、不是什麼的同時，我們也來探討一下你目前愛自己的狀況。你有沒有列過一份「我如何表現對自己的愛」的清單呢？

多數人的清單上都會提到他們比較少對自己說自我否定的話了，還有他們懂得給自己放個情緒假，也懂得站穩立場、勇於說不。許多人都說得出至少兩、三件他們愛自己的方式。

舉例來說，我有一位個案買了運動裝備、僱了健身教練、加入健身房的會員，她把運動當成愛自己的方式。運動絕對是愛自己的一種表現，但我們深入一聊才發現，「愛自己」的成分不見了。沒錯，她下定決心要撥出時間上健身房，也下定決心要看到健身的成果。但當我問她如何激勵自己去運動，她卻表示她會對自己精神喊話說：「你這個半途而廢的懶豬，沒一件事做得成。挪一挪你的大屁股，給我滾去健身房！」換言之，她用辱罵和自我否定來激勵自己。再聊得更深入一點，我們又發現她對自己說話的方式就跟她父親對她說話的方式一樣。

如果單看她加入健身房的積極作為，我們可能不會發現她的做法當中缺少了「愛自己」的成分。

在你的生活中，有沒有哪些地方少了愛自己的成分呢？想想可能有哪些地方你可以給自己更多的愛、仁慈與同理。到了本書的第二部，你將有機會潛入自己的內心深處。

天長地久的愛從愛自己開始

在我們所受的社會制約中，「我在尋找另一半」和「找到對的人，我才完整」這兩句話或這兩種心情占據了很大一部分，從浪漫愛情喜劇、流行歌和社群媒體當中都看得到。說真的，誰不想擁有一個愛自己、對自己好的伴呢？多數人都想吧。而且，每個人都值得擁有。

然而，我們的社會卻不太強調「一個人對愛和自我價值的體會不是靠別人的愛來給予」這個事實。不需要另一半，我們本來就是完整的。是我們讓自己完整，而健康的關係是兩個完整的人共同建立的。

身為婚姻家庭治療師，我學到了一件事，就是「各自做好自己該做的，兩個人就會更好」。基本上，這句話的意思是一旦雙方各自撫平舊傷、了解自己的痛處、懂得自我安慰、做到愛自己，他們就能展現富有安全感的依附風格（attachment style），進入感情也會有更好的結果。

多數人都想擁有天長地久的感情。然而，多數人都向自己以外的人尋求這樣一份愛。一旦我們瘋狂地、深深地、全心全意地愛上自己，並以自己的言行舉止來證明，那麼我們就擁有一份沒人能奪走的愛了。是時候由你一手創造一則天長地久愛自己的故事了。

在這個時候愛自己的好處

第一章探討了分手後可能浮現的一些感受。給自己的情緒一個安放的空間很重要，學會照顧自己有著數不清的好處。

愛自己的概念看似簡單，實則不然——全心全意、無條件、不帶論斷地愛自己，給自己滿滿的支持……這些在理論上聽起來都很棒，但在實際上卻沒那麼簡單。對自己的愛實行起來需要決心、用心、恆心和信心。愛自己使我們的人生經驗更深刻，因為它讓我們能夠充分做自己，能夠活出一份對自己誠實的人生。

個案曾向我透露，他們不知道分手後為什麼還要愛自己。都沒人愛了，在這個時候練習愛自己有什麼意義。這是小看了練習愛自己，對他們走出來、好起來的正面影響力。分手後，多數人都會變得無精打采，有部分是因為正腎上腺素、多巴胺、血清素和催產素等戀愛荷爾蒙或幸福荷爾蒙指數下降的緣故。儘管「愛自己」的目標此時感覺起來遙不可及，但練習愛自己是會有幫助的。

愛自己有哪些好處呢？

撫慰內心的傷痛

分手後，多數人都會覺得很受傷，內心也會湧現各式各樣的痛苦，例如感情失敗的痛苦、夢想破滅的痛苦、心碎的痛苦、失去伴侶的痛苦。人生在世，痛苦是不可避免的經驗，但撫慰痛苦的方式可以支撐療傷的過程。心理諮商、和朋友聚一聚都能撫慰痛苦。有時候，人會透過不健康的方式尋求安慰、逃避痛苦，例如用嗑藥或酒精麻痺自己。學會愛自己和安慰自己，便能擁有一個對你富有同理心、二十四小時都能去找他的對象了——這個對象就是你自己。

施恩於己，將自己從自責中釋放出來

愛自己的很大一部分是學會如何原諒自己。還記得在成長過程中，大人都教我要當一個心胸寬大的好人，學著原諒別人、施恩於人，但卻沒人教我，我也值得一樣的愛、恩惠和原諒。分手後，許多人都會怪自己毀了這段感情。你現在可能覺得很罪惡、很自責或很愧疚，但無論你在這段感情中是否表現出「最好的自己」了，此時練習愛自己都能將你從自責中釋放出來。

提醒自己你也是人

人往往會同理別人、諒解別人，但卻很難用一樣的寬容對待自己。萬一是自己犯了錯，人就會用更高的標準要求自己、譴責自己，對自己反倒不如對別人仁慈。人在認為都是自己不好的時候，對自己更是嚴厲之至。愛自己的一大好處，就在於學會用一樣的愛與仁慈來對待別人與自己。提醒自己你也是人，就是愛自己的一種表現。

敞開心扉迎接愛

分手通常會造成什麼後果？通常，你會築起心牆，將自己保護起來；你會緊閉心扉，拒愛於門外。我們渴望愛，只是不願冒著再次心碎的風險。小心跟人保持安全距離似乎是有效的防護措施。儘管有效，卻也是一種限制。如果我們充滿防衛、戒慎恐懼，我們不只隔絕了別人，也排除了自己跟自己交心的機會。練習愛自己，有了對自己的愛當靠山，我們才能重新敞開心扉。

認識真實的自己

愛自己的愛是無限的，它需要無條件的接納與同理。為能做到愛自己，我們必須撥開遮蔽視線的迷霧，誠實地看一看自己。還記得前面談到的陰暗面嗎？也就是我們身上那些黑暗、難對付、不可愛的部分。如果不能無條件地愛自己的全部，我們就沒辦法活得真實。時常練習愛自己，學會接納全部的自己，有助你認識最新、最真實的你自己。

長遠看來，愛自己可以改變你的人生

作為一種持續不斷的練習，愛自己是心態、能量和生活模式的改變。當愛自己的練習成為存在的根本、生活的基礎，我們就會活得更充實，也會吸引到契合的對象，形成更深刻、更滿足的關係。設下界線變成一件比較容易的事情，因為我們活在愛裡面，一切自然而然就會水到渠成。當我們從「心」出發，我們所做的決定就會符合自己真正的心意。

愛自己會改變你的人生，因為愛自己會改變你對自我和這個世界的感受，你會覺得有目標、有價值。多愛自己一點的涓滴效應（trickle-down effect）會讓這份愛一點一滴擴散到周遭旁人和你的生活空間中。這件事最美好的部分，就在於你會活得很真實！

用愛對待自己的人通常會表達出更多的感激、擁有更多深刻的情誼，整體而言也是比較快樂的人。比較快樂的人通常會和別人分享快樂。根據美國的全國公共廣播電台（NPR）報導，快樂「真的會傳染」。透過持續練習愛自己，你的人生和周遭旁人的人生也會不斷脫胎換骨。

走出來和好起來的愛自己策略

雖然沒有百分之百一體適用的公式，但根據我多年來累積的經驗與觀察，再加上我自己人生中的心痛遭遇，我發現有幾個步驟確實有幫助。

當我們正處於敏感脆弱又混亂迷惘的狀態時，努力要想通的念頭可能搞得心很累。我記得自己陷入決策疲勞（decision fatigue），分手後有這麼多改變人生的決定要做，我覺得身心俱疲。

本書的第二部就是希望能為你緩解一點疲勞，我會一面帶你體會自己此時的感受，一面提供工具和方法給你，讓你按照自己的步調來療傷。

第二部的每一章都將集中探討一個愛自己的步驟，幫助你深入了解各個步驟和你目前的療傷階段，以及此時對你最有幫助的做法是什麼。接下來的六個步驟，到了第二部會有詳細的討論。愛自己是一段獨一無二、賦予自己力量的旅程，這六個步驟將發揮路線圖的作用，在這段旅途上給你溫暖，也為你指引方向。

步驟1：消化分手的情緒

無論你有什麼想法和感受，對療傷過程來講，誠實面對並接納自己是關鍵。在這個步驟中，你將有機會省思和界定自己的感受及思考過程。多數人在感受到不愉快的情緒時，都會極力趕走這些情緒。儘管難受，儘管我們可能不喜歡自己的所見所感，但了解、界定及接納你的情緒，是踏上愛自己的旅途關鍵的第一步。

步驟2：以自己為優先

把自己的健康快樂擺第一很重要，一定要滿足自己療傷止痛的需要。沉痛分手後，我有些個案覺得很難以自己為優先。他們投入各種活動，不讓自己停下來、想一想、重新調整步調的空間。這一章將助你了解你和「以自己為優先」之間的關係，並提供具體的辦法，讓你體驗一下以自己為優先的滋味。

步驟3：從這段感情中學習

分手讓我們學到教訓。釐清這段感情出了什麼狀況很重要，認清這段感情對你而言的意義也很重要。關於我們是誰和我們要的是什麼，一段感情提供了豐富的線索。在本章的帶領之下，你會對這段感情有更深入的了解，包括前任吸引你的是什麼，以及你可能沒注意到哪些警訊。在這一生當中，我們從過去學到的功課預告了我們對未來的決定。人生總有學不完的功課，對自己和自己的感情，你可能已經從分手學到很多了。

步驟4：學習放下

「放下」是人最難做到的事情之一，尤其是要我們放下心愛的人事物。第六章著重探討「放下」這個主題。透過本單元的練習，你將了解到自己還有什麼放不下的地方、放下你改變不了的事情為什麼很重要，以及有什麼辦法可以幫助你放下自己還是看得很重的東西。放下不代表遺忘，只代表釋放沉重的能量，讓新的、更適合你的來到你的生命中。

步驟5：重建自我價值

感情穩定時，我們對自己的許多觀感都受到對方的回應影響。當對方不再肯定我們的價值了，又會怎麼樣呢？我們可能會覺得自己不夠好、配不上，甚至覺得自己可有可無。第七章將探討你如何從一段感情中獲得自我肯定，又要如何不靠伴侶重建你的自我價值感。

步驟6：重新閃亮登場

來到第八章的時候，你已經下過一番愛自己的苦工了。本章的主旨是重新出發，不管是在社交上再次活躍起來，還是重回情場。比較懂得愛自己的你將能創造一個如實反映出你這個人的人生，主要的問題在於：根據你現在對自己的了解，你想創造什麼樣的人生呢？

重點整理

學習愛自己是一種能力，也是一種實踐。懂得愛自己不只對治療情傷有幫助，也能幫助你活得更豐富、人際關係更緊密。你已經完成這本習作簿的第二章和第一部了。雖然這一章的標題是「現在是你最值得被愛的時候」，因為我們在心碎之際可能更難愛自己，但其實不分何時何地，你隨時都值得自己的愛。現在來複習一下重點吧：

- 在那段逝去的感情中，無論你是否展現出「最好的自己」了，現在練習愛自己都能將你從分手後可能產生的罪惡感、自責或愧疚中釋放出來。
- 為能做到愛自己，我們必須撥開一切遮蔽視線的障礙物，誠實地看一看自己，這也包括承認和接受自己的陰暗面。

- 不必靠別人，我們也能體驗愛。少了另一半，我們也是完整的。
- 作為一種持續不斷的練習，愛自己可以改變你的人生，因為愛自己會改變你對自己和這個世界的觀感，也會賦予你目標感和價值感。

第二部

用愛與關懷力挺自己

歡迎來到這本書的第二部。讀完第一部，對於愛自己是什麼、為什麼愛自己很重要，你應該有更深、更廣的了解了。第二部則需要你捲起袖子、拿出筆來、採取行動，一步步朝更深入的自覺和愛自己邁進。直到你完成這本習作簿，對前任也釋懷了之後，本章提供的辦法還會對你有長久的幫助。

第二部共有六章，每一章都有激勵小語、案例分享、練習和實作。你應該花多少時間或一次該做多少練習都沒有強制規定，重點在於給自己需要的時間和空間，誠實、勇敢地回答這些問題。切記，發自內心誠實作答就是「正確」的答案。

第三章

步驟1：消化分手的情緒

好好消化自己在分手後的各種情緒，不只有助於了解自己，也有助於了解過去某些事情對你造成的影響，以及為什麼會造成這些影響。消化情緒是認識自己的必要程序，而在未來的感情中，對自己的這份了解將成為你的支柱。

短時間看來，你可能會覺得要消化分手的情緒好累喔，直接把一切拋諸腦後還比較輕鬆，但這只是暫時的解決方式，而且就長遠而言是無效的。為了治好情傷、活得真實，並在未來的感情中形成良性的互動，我們必須從經驗中學習，對自己有清楚的認識，用這份自覺來為自己的人生導航。

◎案例分享

為了自己的療癒消化分手的情緒

三十八歲的布麗亞寄了一封諮詢信給我，劈頭就說：「我準備走出來，下一段感情不再犯一樣的錯誤。」結束四年感情，兩星期後的她想要重新出發。

在第一次的晤談中，布麗亞不願談上一段感情和分手這件事，只說：「我們在一起四年，沒同居也沒訂婚，兩人的關係停滯不前。這麼說吧，那混蛋轉頭找別人去了。我在他身上已經浪費太多時間，不想再為他浪費諮商晤談的時間，不想再為他付出更多精力了。」

在我看來，她的語氣和肢體語言卻明白顯示：儘管她堅決不想談前任，但若要達到不再犯「一樣的錯誤」的治療目標，我們非談她的感受不可。

當不愉快的情緒令人受不了時，人往往就會迴避可能勾起內心感受的談話。「感受」變得很辛苦，尤其是在分手後。

布麗亞和我一起調整她的想法。她明白到消化自己的情緒、傾聽自己的心聲，並不是在為前任付出心力，而是在給自己的心癒合的機會。如果現在去問布麗亞，她會說她已經學會讓自己的心發出聲音，也學會給自己的心應得的理解與疼惜。她知道自己的需求和渴望。花時間消化分手的情緒時，你是在為自己付出，而不是為對方付出。

我接受來來去去的情緒，並傾聽自己身心靈的聲音。

這本習作簿會提供你各種冥想練習和呼吸練習的方式。雖然方式有很多種，從簡單到複雜、從有人帶領到沒人帶領不一而足，但有一個你自己的專屬聖地有助於練習冥想。請觀想一個帶給你安全感、讓你平靜下來或內心充滿喜悅的地方，是哪裡呢？你親身去過那裡嗎？你為什麼選這個地方呢？

辨識知覺感受

這本習作簿會用一些練習，幫助你安撫自己及緩解不舒服的知覺感受。本頁的練習旨在協助你辨識身體的感受。

當我問個案他們的身體有什麼感覺，他們通常會回我「緊緊的」或「很焦慮」之類的，多數人都沒學過辨識和描述身體的知覺感受。熟悉身體的感受會讓你的身心靈練習更有效。分手對人造成很大的壓力。在身體浮現不舒服的感覺時，設法安撫中樞神經系統，有助於放慢呼吸、降低皮質醇的分泌量、讓你靜下心來，並為你帶來幸福的感受。

瀏覽下列身體知覺感受表，找出符合你的形容詞。未來如有必要，歡迎隨時參閱這張表格。

疼痛	胸悶	冰冷	卡卡的	僵硬	動彈不得
窒塞	暈眩	發脹	舒鬆	敏感	悶痛
喘不過氣	隱隱作痛	硬邦邦	噁心想吐	平穩	汗涔涔的
灼痛	虛脫	沉重	發麻	沒胃口	刺痛
濕黏	發熱	疲累	刺癢	痠痛	緊繃
胃痛	舒暢	躁熱	放鬆	畏寒	顫抖

自從分手以來，你的身體最常浮現哪五種感受呢？

一、

二、

三、

四、

五、

指出五種分手後你的身體最常有的知覺感受，之後每當身體一浮現這些感覺，你就可以及時意識到。瀏覽這張身體知覺感受表時，你想到什麼呢？你如何排出你的前五名？有沒有什麼感覺是這張清單沒列出來的？若有，又是什麼感覺呢？

情緒感受覺察表

要能接受和消化情緒，第一步是具體指出自己有什麼情緒。在《心的地圖》（*Atlas of the Heart*）一書中，布芮尼·布朗（Brené Brown）用按圖索驥的方式帶領我們認識情緒。當我們被自己的情緒打敗或淹沒時，要找出恰當的詞彙形容自己的感受更是難上加難。

在下列的情緒感受表中，畫線標示或圈出符合的詞彙。做這本習作簿的練習時，你可以隨時參照這張表格，寫下目前你最常有的五種感受。

釋然	害怕	疏離
無畏	洩氣	憂鬱
憤怒	踏實	內疚
喜悅	寂寞	委屈
不甘心	懊惱	哀怨
驚嚇	感激	心累

好奇	煩躁	勇氣百倍	親近	困惑	心疼	活力十足	受到眷顧	羞愧	憂慮	焦慮	生氣
受挫	自由	脆弱	恐懼	興奮	渾然忘我	空虛	難堪	懷疑	灰心	隔絕	失望
納悶	當頭棒喝	壓抑	冷漠	受傷	受辱	謙卑	充滿希望	猶豫	無助	心碎	快樂
放鬆	後悔	苦惱	驕傲	徬徨	可笑	不爽	迷惘	平和	樂觀	緊張	悶悶不樂
緊張	猜忌	壓力很大	遺憾	疑神疑鬼	震驚	神經質	自憐	忐忑	滿足	安心	憂傷
有價值	沒有價值	擔心	退縮	無力	不堪一擊	無辜	無用	鬱悶	不安	信任	感動

我目前有的五種感受：

一、＿＿＿＿＿＿＿＿

二、＿＿＿＿＿＿＿＿

三、＿＿＿＿＿＿＿＿

四、＿＿＿＿＿＿＿＿

五、＿＿＿＿＿＿＿＿

身體掃描

身體掃描轉移你對呼吸的注意力，讓你仔細體會身體各部位的知覺感受。初次嘗試可能感覺有點可怕，但一一把身體各部位「掃描」一遍有很大的好處。身體掃描給你機會重新認識自己的身體、學會與自己的情緒共處，並有助於緩和疼痛、焦慮和壓力。

這個練習中專注與放鬆的動作到了第六章也會很有用，屆時我們再來探討「放手」。

請為這個練習騰出至少十五分鐘的時間。

練習1

一、找一個安靜的私人空間，舒舒服服地坐下或躺下，閉上眼睛。

二、慢慢呼吸，注意一下身體和椅子或地板接觸的地方，觀察自己的感受。

三、把注意力移到腳部，覺察這裡的感受，再慢慢進行到下一個身體部位。專注在當下，緩和地引導自己，注意力由下往上，最後來到頭部。

四、你的思緒或許會飄走，拉回來就好。

五、逐一掃描完全身上下，注意力再回到呼吸上，並觀察全身的感受。

六、張開眼睛，謝謝自己。

別忘了，訓練自己的意念專注在當下也是需要時間的，熟才能生巧。

七十四至七十五頁提供你一張情緒感受表，並請你排出當下最強烈的五種感受。你是各種感受都有呢？還是陷在其中一、兩種情緒中呢？哪一種感受最難受？為什麼？哪一種感受是你希望它更常浮現的呢？

循環呼吸

如果你有呼吸系統方面的疾病，在開始練習新的呼吸技巧之前，請先徵詢醫生的專業意見。

呼吸法或呼吸技巧有助於調節呼吸，而調節呼吸又有助於舒緩壓力和焦慮，並能幫助我們將意念拉回到當下。後續每一章都會介紹一種不同的呼吸技巧，你可以從中找出對你最有效的一種。接下來，在練習冥想或正念的過程中，你就可以採取適合自己的呼吸法。

循環呼吸法也稱之為「等長呼吸法」或「sama vritti pranayama」（sama 意指相等，vritti 意指行動，pranayama 則為呼吸法之意），因為簡單又有效，所以很流行。循環呼吸法的吸氣時間和呼氣時間長度相等，是最容易上手的一種呼吸技巧，搭配冥想練習的效果很好，而且，經過練習之後，很容易就能習慣成自然。如果你是正念呼吸的新手，從循環呼吸法練起是一個很棒的起點！你的思緒會隨著一吸一吐沉澱下來，心也覺得踏實了。

練習 2

一、舒舒服服地坐著。

二、經鼻吸氣，默數到四。

三、暫停呼吸一下，如果不會太難受，就屏氣幾秒鐘。

四、慢慢經口吐氣，默數到四。
五、重複數次，次數不限，但至少五次。
六、在未來的練習中，根據個人的舒適度和熟練度，漸漸拉長吸氣和呼氣的時間。

深入剖析

有詞彙可以表達自己的感受，不只有助於消化這些感受，也能幫助你清楚、有效地和身邊最親近的人，溝通自己的想法、心情和身體的知覺感受。然而，有時我們光靠這些詞彙來表達，卻未能深入剖析並傳達出這些詞彙對我們而言的意義。

前面你已經歸納出分手後最主要的五種情緒和身體的感受了，這個練習則要讓你深入剖析這些詞彙對你而言的意義。完成以下的造句，如有必要可參考例句。

練習3

例句：

當我說我覺得很困惑，我的意思是我以為我們會白頭到老，我不明白我們怎麼會走到離婚這一步。

造句練習：

當我說我覺得＿＿＿＿＿＿＿＿，

我的意思是＿＿＿＿＿＿＿＿。

當我說我覺得＿＿＿＿＿＿＿＿，

我的意思是＿＿＿＿＿＿＿＿。

當我說我覺得＿＿＿＿＿＿＿，

我的意思是＿＿＿＿＿＿＿＿。

當我說我覺得＿＿＿＿＿＿＿，

我的意思是＿＿＿＿＿＿＿＿。

例句：

當我的身體感覺很緊繃，我的意思是我覺得很累卻無法放鬆。

當我的身體感覺＿＿＿＿＿＿，

我的意思是＿＿＿＿＿＿＿＿。

當我的身體感覺＿＿＿＿＿＿，

我的意思是＿＿＿＿＿＿＿＿。

當我的身體感覺＿＿＿＿，

我的意思是＿＿＿＿。

當我的身體感覺＿＿＿＿，

我的意思是＿＿＿＿。

當我的身體感覺＿＿＿＿，

我的意思是＿＿＿＿。

安全感空間的五分鐘冥想

無論你是冥想新手，還是已經練過一段時間了，這本習作簿的冥想練習會給你體驗各種冥想法的機會，你可以從中找出自己偏好的方式。冥想有許多好處，包括幫助集中注意力、提升自信心、緩和壓力和焦慮，對身心雙方面和整體健康都有益。

這個簡短的冥想有助你觀察自己的思緒，並沉澱腦海裡的雜音。如果你是冥想新手，可以嘗試練習五分鐘。如果你已經有冥想的經驗了，不妨按照自己的意願，想練多久練多久。

先前，我們請你觀想過一個帶給你安全感的地方。在這個練習中，也要請你回想那個地方。

練習 4

一、閉上眼睛，採取舒服的姿勢。

二、慢慢呼吸，轉動一下肩膀。

三、想像自己做了一場夢醒來。

四、想像自己伸展四肢、慢慢睜開眼睛。

五、眼前出現那個帶給你安全感的地方。

六、觀察一下置身此地的你自己。

七、在這個安全的小天地裡，你有什麼感覺呢？

八、你看起來怎麼樣？

九、讓自己沉浸在觀想的畫面中。

十、懷著平靜、滿足的心情，把思緒從觀想畫面拉回來。

十一、感受一下內心的喜悅。

十二、睜開眼睛。笑一笑。

你的情緒有多強？為自己量身打造一份情緒強度表

每當有人問你感覺怎麼樣或心情好不好，你是否情不自禁就會給出「很好啊」、「老樣子囉」、「還可以吧」之類的簡短答案？回答這種問題可不像迷你裙越短越好。接下來的練習要協助你探索情緒的強度和追蹤自己的情緒。

要追蹤自己的情緒，有一個辦法是根據你腦袋裡的念頭和你所從事的活動，打造一份「客製化」的情緒強度表，檢視你在心裡對自己說了什麼，以及浮現某種情緒的當下你在做什麼。用表格來追蹤有助於辨識內心的情緒及衡量情緒的強度，也有助於分析事件和情緒之間的關係、了解什麼事情會勾起你什麼情緒。利用下表的空格，在情緒浮現時加以追蹤。你可以用我們提供的這張表來為每一種情緒打分數，也可以自己設計一份表格。

（填上你的大名）＿＿＿＿的情緒強度表：

情緒強度	我腦海中的念頭	我所做的事情
十分（最高分）	我對未來充滿期待。 今天的我充滿感激。	跟朋友出去。 邊洗澡邊唱歌。
五分	拜託今天趕快結束吧。 讓我把答應別人的事完成吧。	完成例行公事。 回簡訊。
一分（最低分）	我只想躺在床上。 我沒力氣應付別人。	賴床。 自己一個人待著。
十分		
九分		
八分		

一分	二分	三分	四分	五分	六分	七分

在七十二頁，你指出了五種分手後最常有的身體知覺感受。未來在身體浮現這些感受時，你將越來越能及時意識到。瀏覽身體知覺感受表時，你想到什麼？你如何排出自己的前五名？有沒有什麼感受是表中沒有的？若有，又是什麼呢？

對自己據實以告

事實若是和感受混為一談，我們的眼光就會變得扭曲。拿掉情緒，留下事實有助你消化並重寫你給自己的說法。

利用底下提供的空格，據實寫下分手的過程。單純陳述事實，不要把自己的想法或感受放進去。事實全部攤開在眼前之後，再利用空格下面的空行，寫下伴隨每一個事實的想法和感受。

事實 A

我看到手機簡訊，發現另一半偷吃。

→

事實 B

我跟另一半對質，一開始他還否認，過了三星期才承認。

→

事實 C

我要他辭掉工作，跟我去做伴侶諮商。

想法：如果他同意，那我們就還走得下去。

感受：滿懷希望，忐忑，氣憤。

事實 D

他不肯辭掉工作。

→

事實 E

我說他如果不辭職，我就跟他離婚。

→

事實 F

他還是不肯辭職，我就正式訴請離婚了。

現在輪到你了：

事實 A → 事實 B → 事實 C

事實 D → 事實 E → 事實 F

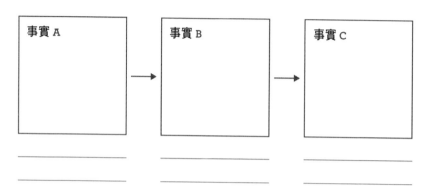

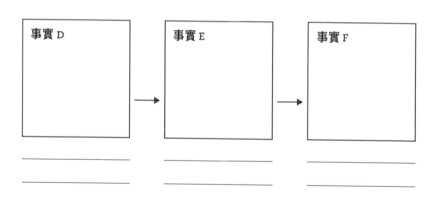

你的正念分手故事

如何訴說自己的故事對你的感受有很大的影響。有沒有發覺你到處跟人說自己的分手故事？每一次的說法是不是都一樣？聽起來是不是越來越像一套劇本？上述問題只要有一個的答案是肯定的，那麼你就是多數人中的一分子。一旦習慣了一套在我們自己看來合情合理的說法，我們往往就會不假思索對別人搬出這套說詞。

請為這個練習騰出至少十五分鐘。

練習5

一、準備好紙筆，採取舒服的姿勢。

二、深呼吸幾口氣。

三、寫下你這陣子以來告訴別人的分手故事。
四、用「當……的時候，我就知道這段感情結束了」來造句，開始寫你的故事。
五、根據現在的感受來寫你的分手故事，只陳述事實經過。
六、寫好之後唸出來，就像你正在對親友訴說這件事。
七、跟你原本的說法是不是有什麼不一樣？
八、觀察一下你在這個當下的感受。

只陳述事實是一個很大的挑戰，因為有許多的說法都蒙上了我們的想法和感受。你是不是很難據實以告呢？據實以告是讓你更難陳述自己的故事，還是更容易呢？加進你的想法和感受之後，故事是不是變得不一樣了？如果是，又有什麼不一樣呢？

成語搜一搜：哪些成語特別醒目？

文字益智遊戲是讓人渾然忘我投入一項活動的好辦法。有時候，某些詞語會牽動我們的思緒，思緒又觸動我們的情緒。

下表藏了十六個成語。利用後面的空格，寫下你找出來的成語。寫好之後，選五個你最有共鳴的，用造句練習的方式，整理出每個成語勾起的思緒和情緒。

感	天	崩	地	裂	傷	欲	哭	無	淚	苦	煩
怒	火	中	燒	忐	忑	不	安	後	悔	莫	及
前	如	釋	重	負	悲	心	自	豁	然	開	朗
功	惱	羞	成	怒	從	灰	由	問	心	無	愧
盡	誠	惶	誠	恐	中	意	自	咎	由	自	取
棄	心	安	理	得	來	冷	在	渾	渾	噩	噩

第一個我有共鳴的成語是＿＿＿＿＿＿。它讓我覺得＿＿＿＿＿＿＿＿＿＿＿＿＿＿＿＿＿＿。

第二個我有共鳴的成語是＿＿＿＿＿＿。它讓我覺得＿＿＿＿＿＿＿＿＿＿＿＿＿＿＿＿＿＿。

第三個我有共鳴的成語是＿＿＿＿＿＿＿＿。它讓我覺得＿＿＿＿＿＿＿＿＿＿＿＿＿＿＿＿＿＿＿＿＿＿＿＿＿＿＿＿＿＿＿＿＿＿。

第四個我有共鳴的成語是＿＿＿＿＿＿＿＿。它讓我覺得＿＿＿＿＿＿＿＿＿＿＿＿＿＿＿＿＿＿＿＿＿＿＿＿＿＿＿＿＿＿＿＿＿＿。

第五個我有共鳴的成語是＿＿＿＿＿＿＿＿。它讓我覺得＿＿＿＿＿＿＿＿＿＿＿＿＿＿＿＿＿＿＿＿＿＿＿＿＿＿＿＿＿＿＿＿＿＿。

重點整理

希望你已經學到一些自我表達的詞彙，為自己打造了一份客製化的情緒表，也越來越善於傾聽和了解自己的身心靈了。消化分手的情緒很辛苦，恭喜你讀完本章，審視了自己的脆弱面，達成觀察內心感受、予以同理、加以消化、無條件愛自己和接納自己的目標。

- 短時間看來，你可能會覺得要消化分手的情緒好累，直接把一切拋諸腦後還比較輕鬆，但輕鬆的解決辦法只是一時有效而已，長期而言效果其實沒有那麼好。好好消化一下，對療傷還是有必要的。
- 冥想有許多好處，包括幫助集中注意力、提升自信心、緩和壓力和焦慮。
- 熟悉身體浮現的感受有助於身心靈的練習活動，而這些活動對穩定中樞神經系統和降低皮質醇指數很有效。

- 呼吸練習有助調節呼吸，進而有助於舒緩壓力、減輕焦慮，並能幫助你將注意力拉回到當下。
- 訓練大腦完全專注在當下是需要時間的。熟能生巧，神經通路是經由反覆、持續的練習建立起來的。

第四章

步驟2：以自己為優先

不是每個人都能接受以自己為優先的想法，很大一部分的原因在於有些人認為這是一種自私的行為。你可能也聽過人要先顧好自己才顧得了別人，然而，有時這可能違背成長過程中社會、文化、宗教、家庭灌輸給你的觀念。

根據韋氏字典，「自私」的定義是「過分關心或只關心自己，不顧他人，一味追求或專注於自身的利益、享受或快樂」。以自己為優先非但不自私，還是有必要的。本章提供的辦法，旨在協助你允許自己多照顧自己一點。

◎案例分享

我很重要！

在朋友圈中，三十三歲的瑪麗娜和二十七歲的朵莉是「理想的一對」。她們也很為雙方的交往順利自豪。我最早是在五年前見到她們，當時她們來找我做婚前諮商。瑪麗娜是家中的獨生女，十二歲時母親過世，她就開始女代母職，成為父親主要的支柱，在情感上和家務上都扮演起媽媽的角色。交往之初，瑪麗娜就很顯然是犧牲奉獻的一方，為了避免衝突，不管朵莉有什麼要求，她都會讓步。朵莉的出軌導致兩人離婚之後，瑪麗娜體認到自己需要幫助，便獨自前來做諮商。

瑪麗娜是她父親和前妻朵莉的照顧者。她發覺在自己扮演的角色所形成的互動模式中，她沒辦法表達自己的感受和需求。她想設下一些界線，也知道應該多為自己著想，但卻始終學不會以自己為優先。

我們展開每週一次的晤談。她學會如何設下界線，也學會向別人表明她的界線在哪裡（參見本書第一二一頁），還發明了一套用愛之語照顧自己的辦法。重新發現新的自己令她興奮不已。當朵莉又像以前那樣來找她傾倒情緒垃圾時，已經懂得劃清界線的瑪麗娜終於能對前妻說：「我的健康快樂很重要。我值得別人的回報，不會再繼續單方面的付出了。」一旦學會設下界線、看重自己，瑪麗娜就打破了從前的循環。

為自己發聲、活得真實，以自己的健康快樂為優先，是我看重自己的表現。

在本章的真實案例中，瑪麗娜歷經離婚的痛苦，為了走出來、好起來，她要學會以自己的需求為優先，包括不要為了照顧別人而犧牲自己。你在瑪麗娜或朵莉身上是否看見了自己的影子呢？若有，哪些部分跟你很像呢？

嘶嘴呼吸

嘶嘴呼吸法相對簡單，而且有很多好處。當你覺得焦慮、壓力大、喘不過氣或心浮氣躁的時候，嘶嘴呼吸是一種隨時隨地都能進行的練習。這種呼吸法可讓呼吸道保持敞開較長的時間，有利於排出積在肺部的空氣，亦可讓你感覺比較放鬆。喘不過氣的時候，嘶嘴呼吸可放慢呼吸率，幫助你緩過氣來。時常練習呼吸技巧對強化心肺功能大有助益。在開始練習新的呼吸技巧之前，請先徵詢為你提供照護的醫護人員，以釐清自身相關的疾病、疑慮或療法。

練習6

一、採取直立的站姿或坐姿。

二、放鬆頸部，垂下肩膀，以舒服為準。

三、放鬆全身上下緊繃的地方，包括臉部和嘴部。

四、經鼻吸氣，數到二。

五、像要吹熄蠟燭般噘起嘴唇。

六、不要用力，經口慢慢吐氣，數到四或數到六。

七、重複練習，至少五次。

愛自己很重要，除非是抱著唯我獨尊的心態，否則愛自己並非自私的行為。然而，人有時不好意思以自己為優先。對你來講，以自己為優先的意義是什麼？想像以自己為優先的生活會怎麼樣、感覺又是如何，你的腦海浮現了什麼？你對以自己為優先的人有什麼看法呢？

呵護你的內在小孩

每個人的心裡都有一個內在小孩。內在小孩是潛意識的一部分，存有兒時受到壓抑的記憶和感受。人都需要無條件的愛與保障，而內在小孩記得那些未獲滿足的需求。童年的傷不只來自於極端的創傷事件，也來自各種大大小小的傷害，例如只有考一百分才會受到稱讚，彷彿你的價值取決於你的成績或表現。

長大成人之後，我們明白前述的例子不見得代表父母師長不愛我們，然而，在一個小孩心裡，這份愛可能感覺像是有條件的。

當成年的我們受到刺激時，童年形成的自我保護機制就會被觸發。要學會以自己為優先，有一部分的功課就在於為我們的內在小孩療傷。

利用下表覺察你用什麼不健康的方式因應負面的內在對話，找出觸發這種應對機制的童年記憶，將負面訊息扭轉成對自己好的新訊息。

負面念頭	有害的行為	童年的傷	轉念
我如果不完美，就沒人要愛我了。	成天跟別人比較。	沒考一百分就覺得自己很差勁。	真實的我就是完美的我。我本來就值得被愛。

			負面念頭
			有害的行為
			童年的傷
			轉念

內在小孩冥想

每次新接觸一位個案，我都會跟對方說：「每個成年人身上都帶著小時候學到的教訓和童年受的傷。」人類共通的人性提醒我們，我們都當過小孩，心裡也都受過傷。雖然有些人的遭遇比較痛苦，但沒有人能對傷害免疫。

對成年人來講，要用疼惜自己的口吻對自己說話可能很困難，尤其如果這個人慣常用辱罵來激勵自己。你對自己說話的態度，是否就像對一個小孩一樣和善呢？

接下來的冥想著重於給自己一份仁慈，用疼惜自己的方式跟你的內在小孩對話。

一、採取舒服的姿勢，閉上你的眼睛。
二、想像長大成人的你置身於一片草原上。
三、有個小孩坐在沙灘上，太陽照在這孩子身上。
四、你走了過去，在他身邊找了個舒服的位置坐下。
五、你注意到這孩子就是小時候的你。
六、你們望著彼此的眼睛。
七、小時候的你問：「你為什麼在這裡？」
八、長大成人的你答：「我來看看你需要什麼。」
九、那孩子望著你的眼睛，開始對你娓娓道來。
十、你全神貫注洗耳恭聽，直到他全都說完了為止。
十一、你對他表示理解，並給他一個擁抱。
十二、你跟他說你還會再來看他。

十三、張開你的眼睛。

我們不是一夜之間就成為今天這樣的人。現在的我們是這一生的經驗累積而成的，也有許多行為表現都源自孩提時期。要認識你和「界線」之間的關係，就要從孩提時期你對「界線」的理解認識起。在你生長的家庭中，人與人之間有什麼界線？養育你的大人如何教導你拿捏分寸？家人之間的關係是黏在一起（過分緊密）或彼此疏遠？

界線等於秉持對自己的愛勇於發聲

沒有一本愛自己的主題書不會談到界線是什麼，何時該設下界線，又要如何守住界線。

界線是你用來保護自己和尊重自己的基本原則。界線的重要性在於保護你的情緒健康和自我價值，也保障人際互動的自在與安全。界線是愛自己的基本要素。界線的存在讓別人知道你希望他們怎麼對待你。

如何知道自己什麼時候需要界線呢？

如果你覺得受到冒犯、壓榨、利用、忽視、冷落、貶低、逼迫、虧待，或心裡產生了任何不愉快的情緒，這就表示情況需要改變一下。越是注意人際互動給你的感受，你就越能意識到何時該設下界線。

雖然單純只是不想做就足以構成不去做的理由，但如果你發覺自己對通常樂於去做的事情提不起勁，這可能就值得進一步探討一下了。參照以下所舉的例子，然後根據你自己的經驗和感受填寫表中的空格。

設下界線

這讓我不舒服	這樣我比較自在	我的界線在這裡／這是我給自己的尊重	越界的後果
朋友逼我去跟人搭訕。	跟朋友出去，但不用背負著跟人搭訕的壓力。	「我很樂意跟你們出去，但我不要你們逼我跟人搭訕。」	「如果你們繼續逼我，那我就不跟你們出去了。」

這讓我不舒服			
這樣我比較自在			
我的界線在這裡／這是我給自己的尊重			
越界的後果			

界線草稿

設下界線對你有幫助。現在，你已經花了一點時間釐清自己有哪些界線，下一步就是要向別人表明你的界線在哪裡。

在表達可能令別人不舒服的意見時，打草稿很有用，尤其如果你是初次嘗試新的語彙。界線草稿可確保你為對話做好準備，到時候順利把想說的話都說出來。雖然在談話時你不會拿著草稿唸，但打好草稿可以讓你在談話時更自在也更自信。

利用底下的造句練習來打你的界線草稿。

例句：

很謝謝你主動來關心我，但我只想靜一靜。

我明白你想幫忙，也明白你認為多交朋友對我有幫助，但我需要給自己一點時間療傷。

交不交朋友這件事，如果你能尊重我的意願／界線，我會很感激。

如果你不能尊重我，那麼我也沒辦法放心向你求助。

輪到你了：

很謝謝你＿＿＿＿＿＿＿＿，但＿＿＿＿＿＿＿＿。

我明白＿＿＿＿＿＿＿＿，但我需要＿＿＿＿＿＿＿＿。

＿＿＿＿＿＿＿＿這件事，如果你能尊重我的意願／界線，我會很感激。

如果你不能＿＿＿＿＿＿＿＿，那麼我也沒辦法＿＿＿＿＿＿＿＿。

角色扮演獨角戲：表明你的界線

在一一八頁，你寫下了以個人意願與需求為重的界線，現在是時候付諸行動了。如何向他人表明你的界線呢？定下表態時間，動起來。

在諮商實務上，角色扮演有助個案了解自己的感受、實驗一下將心聲表達出來會怎麼樣，並預先演練人我之間可能產生的互動。

如果你很難表明自己的界線，角色扮演的練習可以提高你把話說出來、坦然宣示界線的機會，因為有所準備就能減輕焦慮。

一、深呼吸三口氣，轉動一下肩膀。
二、拿出你之前擬的界線草稿，在心裡默唸一遍。
三、再唸一次草稿，這次要唸出聲來。
四、再深呼吸一口氣。
五、放下草稿，站在鏡子前面。（如果照鏡子令你很不自在，也可以不要。）
六、想像你想表明界線的人在你面前。
七、開始自信地把你想說的話說出來。
八、想像對方可能會有的反應，練習以謹守界線的方式回應。

你的愛之語是什麼？

根據《愛之語：兩性溝通的雙贏策略》（*The Five Love Languages: How to Express Heartfelt Commitment to Your Mate*）作者蓋瑞·巧門（Gary Chapman），人付出愛和接受愛的方式有五種。

根據巧門的說法，這五種愛的語言分別是：

肯定的言詞：情書、讚美、誇獎、表揚、寫卡片，聽到別人跟你說「謝謝」，聽到「我愛你」和「我以你為榮」。

服務的行動：幫你分擔工作量、表達善意的舉動、幫你減輕壓力的舉動、幫忙完成一件事、採取實際的行動（不只說說而已）。

優質好時光：心無旁騖彼此陪伴的時間、和你愛的人一起陶醉在一個活動中、沒有3C干擾的時光、對方全心全意都在你身上、說話時看著彼此的眼睛。

送禮：讓你知道有人想到你的小信物、禮輕情意重的薄禮、「沒什麼理由就是想送」的禮物。

肢體接觸：擁抱、撫觸、牽手、足部／手部／背部按摩、碰碰你的手臂或拍拍你的肩／背以示關心、摸摸你的頭髮、輕柔的吻。

收到什麼樣的愛之語最令你感動呢？試舉十個例子：

一、＿＿＿＿

二、＿＿＿＿

三、＿＿＿＿

四、＿＿＿＿

五、＿＿＿＿

六、

七、

八、

九、

十、

回顧五種愛之語的摘要，回想你最感動的十個愛的舉動，你心目中第一名的愛之語是什麼呢？

用愛之語照顧自己

你的愛之語會影響到你所有的人際關係，不只包括戀愛關係和朋友關係，也包括你和自己的關係。

了解為什麼某種愛之語比別種更能感動你，對練習愛自己也有幫助。你可以用各種愛之語來展現對自己的愛，例如：

肯定的言詞：寫日記、構思和複誦激勵小語、溫暖正面的內在對話。

服務的行動：為自己煮一道健康的餐點、洗泡泡浴、剪頭髮、打掃生活空間。

優質好時光：跟自己獨處、看電影、親近大自然、跳舞、唱歌。

送禮：為自己買一件貼心小禮，例如一枝筆、一本日記或一株植物。

肢體接觸：抱抱自己、泡個暖心熱水澡。

現在輪到你了。根據五種愛之語的類別，在下表中填入你對自己表現愛的方式。

愛之語	我對自己表現愛的方式
肯定的言詞	
服務的行動	
優質好時光	
送禮	
肢體接觸	

從上表中選擇一項，當成每天的優先事項，排入下面的日程表中。騰出這個以愛自己為優先的時間，你會覺得日子更美好、心情也更美麗了。

星期幾	項目	時間
範例	（優質好時光）不使用電子產品，在公園裡散散步。	一小時
星期日		
星期一		
星期二		
星期三		
星期四		
星期五		
星期六		

我們最早是從兒時的主要照顧者那裡學到愛與保障。小時候，身邊的人是如何向你表現愛的呢？哪些時刻最讓你感到自己是被愛著的？你有沒有覺得不被愛的時候？現在，你如何給自己那份愛呢？

笑療

痛苦的分手經驗通常並不好笑，但每天笑一笑可以減輕憂鬱、疼痛、壓力和焦慮等症狀。研究顯示，每天至少笑個十五分鐘有以下的效果：

- 放鬆身體
- 保護心臟
- 促進免疫系統
- 分泌腦內啡
- 減輕疼痛
- 改善情緒
- 增強適應力

自主和不由自主的笑都對健康有益，人腦沒辦法區分這兩者。

常見的「笑法」包括：

漸進式的笑：先從微笑開始，接著輕聲抿嘴笑、咯咯笑，邊笑邊提高音量，越笑越大聲。

發自肺腑的笑：張開雙臂舉起來，使出全身力氣大笑。笑完放下手臂，暫停一下。重複練習。

笑聲計算：哈、哈哈、哈哈哈……以此類推，逐步增加「哈」的次數。

練習 8

一、深呼吸三分鐘。
二、放下論斷，無須覺得自己一個人傻笑很奇怪。
三、每種笑法各試兩分鐘。
四、花一分鐘專心放慢自己的心跳速度。

「裝笑」一開始可能感覺很蠢，但有確鑿的證據顯示持之以恆的「練笑」，真的很有效。挑一種你喜歡的笑法來練，或綜合不同的笑法，每天認真笑一笑。

令我微笑的賞心樂事

你最喜歡做什麼？上次是什麼時候做這件事呢？有些人在分手後還是會繼續從事自己熱愛的活動，但多數人都很難允許自己去追求一己的快樂。也有時候，當雙方感情正濃時，你會放棄自己熱愛的活動，因為那會剝奪你跟對方在一起的時間。

從下表挑兩個類別出來（你也可以自己發想其他類別），寫下三件令你微笑的事情和原因。這個練習的用意是要讓你更常去做令自己開心的事，並將這些賞心樂事當成優先事項。

類別：音樂、電影、室內活動、戶外活動、創意活動、社交活動。

範例：

類別：音樂	令我微笑，因為……
潔妮愛子（Jhené Aiko）的〈愛〉（*Love*）	「每當空虛時，我選擇用喜悅填滿。」——最愛這句歌詞了。
AJR 樂團的〈一百個鳥日子〉（*100 Bad Days*）	轉念一想，「或許……一百個鳥日子造就了一百個好故事」。
巴布馬利與痛哭者樂團（Bob Marley and the Wailers）的〈三隻小鳥〉（*Three Little Birds*）	提醒我「早上起來，跟旭日一起微笑」。

輪到你了：

類別：	令我微笑，因為……

類別：			
令我微笑，因為……			

重點整理

對於以自己為優先，你是否覺得越來越自在了呢？本章談的是允許把自己放在第一位、設下界線、尊重自己的感受，並學習向自己表現愛的新方法。你要負責對自己好，別忘了，你很重要。

- 以自己為優先並不自私，而且非常必要。
- 認識、熟悉自己的愛之語有很大的好處，因為愛之語不只對你全部的人際關係都有幫助，也能幫助你表達對自己的愛，愛自己愛到心坎裡。
- 界線是你用來保護和尊重自己的處事原則。對於自我照顧和表態讓別人明白你的心聲來講，界線都是基本要素。

- 你對自己說話的方式很重要。大人可能很難用疼惜的方式對自己說話，尤其有些人習慣藉由嚴厲的用詞來激勵自己。試著像對待一個小孩一樣溫柔地對自己說話。
- 雖然很難，可能要比平常多費心一點，但現在是時候為自己創造微笑時刻了。

第五章

步驟3：從這段感情中學習

關於分手這件事，大家最不想聽到的問題，就是「你從這段感情學到了什麼」。雖然我們能從逝去的戀情中學到很多寶貴的教訓，但許多人寧可不要碰觸傷心往事，因而迴避相關的討論。根據我的親身經歷和執業經驗，有些教訓甚至要到好多年後才會明白。本章旨在給你時間和力量，釐清你如何看待自己和逝去的戀情，我們要藉由轉念的方式改寫老故事、強化你原本對愛的信念，或揭示你可能渾然不覺的盲點。

無論分手的經驗對你來講是正面或負面，無論你是提出分手的一方或沒得選擇的一方，從中認識自己、了解戀愛中的自己是什麼樣子，不只能當作未來做抉擇時的參考資料，也會影響身心靈整體的健康快樂。我們就從找出你能學到的東西開始吧。

◎案例分享

我們是否等了太久才求助？

梅芙和約翰一直保持相敬如賓的關係。他們在一起快十年了，雖然並未依法結婚，但兩人感情穩定，不只住在一起，也有一個三歲的兒子凱爾。從頭到尾，梅芙都很渴望他們可以更親密，也常透過肢體接觸和寶貴的相處時光表達愛意。約翰是很有生意頭腦的企業家，他認為自己是這個家的供應者、負責滿足家裡的經濟需求，「服務的行動」就是他的愛之語。

相愛歸相愛，兩人卻都覺得「少了什麼」。雖然每次說再見都會親一下，但做愛的次數卻從一個月兩、三次減少到兩、三個月才有一次。而且，梅芙總覺約翰越來越冷淡了。他們開始把比較多的重心擺在凱爾身上，不去管兩人之間的關係。到頭來，做愛的次數甚至更少了，約翰花越來越多的時間在他的事業上。完全沒有性生活六個月之後，在交往九週年的紀念日，依附類型屬於焦慮型的梅芙嘗試採取主動，依附類型屬於迴避型的約翰則推託說他「太累了」。第二天，梅芙就跟我預約了伴侶諮商。

等到正式來做諮商的時候，雙方都無心經營這段感情了。很顯然，他們的愛之語和依附風格都不一樣。雙方沒有意識到這一層差異，也沒有早點找到辦法弭平彼此的差距，兩人的關係變得很緊張。只經過四次的晤談，梅芙就決定離開約翰了。

我的遭遇不能定義我這個人。過去種種都是讓我更了解自己及激勵我成長的線索。

還記得我曾問個案從上一段感情學到什麼，對方回我：「沒學到什麼，就學到不要跟混蛋在一起！」你花時間想過自己能從上一段感情學到什麼嗎？你學到的東西是關於你自己、關於感情，還是兩者皆有？你覺得你的答案怎麼樣呢？

四四四呼吸法

四四四呼吸法是另一個放慢呼吸、讓頭腦冷靜下來、進入冥想狀態的辦法。這個正念技巧源自印度瑜伽，被認為是阿育吠陀的一種呼吸法。

根據美國海軍三棲特戰隊（海豹部隊，U.S. Navy Sea, Air and Land Teams, SEAL）指揮官及特戰隊訓練課程（SEALFIT）創辦人馬克・迪范（Mark Divine），特戰隊之所以採用四四四呼吸法，是因為這種呼吸法即刻見效，對壓力管理、提高認知表現和解除戰或逃反應❷都有幫助。

---

❷：戰或逃反應（fight-or-flight response）指人在面臨壓力時產生心跳加快、血壓升高、肌肉緊繃等反應。

研究人員發現，養成練習四四四呼吸法的習慣，可活化與胰島素和活力指數有關的基因，同時減輕壓力和發炎反應。四四四呼吸法主要有四個步驟，吸氣、閉氣、呼氣皆需數四秒鐘，重複做四分鐘。

練習 9

一、坐在椅子上、雙腳踩平，或坐在地板上、脊椎打直。用計時工具定時五分鐘。
二、經鼻深吸一口氣，默數到四，吸到肺臟和腹部充滿空氣為止。
三、暫停呼吸，默數到四。
四、經口吐氣，默數到四，將肺臟全部的空氣吐乾淨。
五、暫停呼吸，默數到四。

分手後，人容易過度放大一段感情負面的部分，只著眼於這段感情之所以失敗的種種原因。這種現象既不好也不壞，但要注意我們身而為人本就容易放大負面經驗——在心理學上，這叫做負面偏誤（negativity bias）。在回顧逝去的戀情時，浮現你腦海的是什麼？你有沒有發覺自己都著重在負面的部分？你會不會滿腦子想著自己最想念的部分？你的想法是否偏向某個極端，要麼認為「什麼都不好」，要麼認為「只有他最好」？

汲取美好回憶

一段感情結束後，儘管我們可能立刻就會有一些心得感想，但有些教訓不是那麼明顯或唾手可得。接下來的冥想，將帶領你從回憶中汲取可以學到的東西。我們能從困境或不愉快的遭遇學到教訓，但最美好的時光教給我們的東西也一樣寶貴。

在接下來的冥想中，你將召喚一段愉快的回憶。

練習 10

一、以舒服的姿勢坐下或躺下。

二、緩慢、專注地呼吸。

三、回想一段你們相處得很愉快的時光。

四、觀察一下你們身在何處、正在做些什麼。
五、觀察你和對方的互動。
六、觀察你的身體浮現哪些知覺。
七、讓喜悅的感覺充滿你的心。
八、思緒拉回呼吸上，專心將空氣吸進肺部再吐出來。
九、最後再回顧一眼那幅愉快的場景。
十、深吸一口氣。吐氣時睜開眼睛。
十一、睜開眼睛坐著不動，持續至少兩分鐘。
十二、注意一下身體的知覺感受，觀察你的思緒。
十三、謝謝自己完成了這次的練習。

汲取心得

有時候，往事回憶起來很痛苦，即使是愉快的往事，因為回憶會勾起洶湧的情緒。在回憶過去時，如果你開始覺得心煩意亂，不妨用本書教過的辦法，將思緒拉回當下，放慢心跳的速度。

在前面的冥想練習中，我們請你試著觀察過去的某個美好回憶，同時注意自己的呼吸和身體的知覺反應。接下來的練習則要帶領你從中汲取心得。

練習11

一、你挑了什麼回憶來回想？

二、為什麼特別挑選這段回憶呢？

三、過去的你在當下有什麼感覺？為什麼？

四、你和前任的互動如何？你在做什麼？跳出來看，「他們」在做什麼？

五、前任在那個當下對待你的方式，你喜歡的是哪個部分？

六、在那個當下，你有哪些行為表現形成了這份良好的互動？

七、你如何增進兩人之間的美好氣氛？

八、那份互動有哪些要素是你希望將來帶到下一段感情中的？

九、你覺得前任的哪些言行舉止正合你意？

十、你在雙方的互動中扮演什麼角色？你如何展現出當下那個陶醉在幸福中的自己？

十一、此時此刻，你心裡有什麼感受？

十二、此時此刻，你的身體有什麼知覺反應？

自我成長激勵小語

激勵小語力大無窮。短短的金句就能幫忙扭轉潛意識的念頭、開闢新的神經通路，尤其是搭配觀想一起服用，越常複誦激勵小語，它的內容在你的腦海裡就越是根深柢固，終至成為一個不可動搖的信念。你可以用下面這句話來激勵自己成長，也可以選一個你自創的激勵小語。

「我的遭遇不能定義我這個人，過去種種都是讓我更了解自己及激勵我成長的線索。」

針對以下的冥想練習，請在單獨的一張紙上寫下這句激勵小語，每天複誦十二次，持續至少三天：起床時四次、中午四次、睡前四次。

練習 12

一、採取舒服的姿勢，閉上眼睛，深吸一口氣。
二、張開雙臂，做出像是抱著一顆大球的樣子。
三、專心慢慢吸氣。吐氣時將激勵小語說出來。
四、說到「激勵我成長」時，想像你的手臂像樹枝一樣長出去。
五、深吸一口氣。
六、重複三次。

你的依附風格是哪一種？

一九五〇年代，精神病學家、心理分析師約翰．鮑比（John Bowlby）提出了依附理論的概念，強調早年主要照顧者和我們之間的關係，影響著我們成年後和他人形成的關係。由於社群媒體的緣故，依附風格理論蔚為主流。

花點時間認識自己的依附風格，可以讓你更了解自己在感情中為什麼會有那樣的表現。從下列敘述中劃線或圈出符合你的項目。

一、別人對我的依賴令我很不自在。

二、我需要他人的肯定。

三、我在感情中會向對方發出矛盾、混亂的訊號。

四、我很怕獨處。

五、我樂於在伴侶面前露出脆弱的一面。

六、我會表現出捉摸不定、令人困惑的行為。

七、除非有什麼特殊的理由，否則我對人都很信任。

八、我把別人當空氣。

九、我懂得怎麼調整自己的情緒。

十、我就是個戀愛腦。

十一、我不喜歡向別人暴露我的心情。

十二、我很渴望親近別人，卻總是把人推開。

看看你符合哪幾項，想想你屬於哪一種類型。

符合第五、七、九項的人：安全型

符合第三、六、十二項的人：混亂型（既期待又怕受傷害型）

符合第二、四、十項的人：焦慮型（癡迷型）

符合第一、八、十一項的人：迴避型（疏離型）

依附風格共有四種類型：

安全型（大致上都很信任別人、自己一個人也很自在、情緒穩定、能夠建立健康而誠實的關係、不怕展現出脆弱的一面、以正面的眼光看待自己）。

迴避型（不把別人看在眼裡、獨來獨往只靠自己、避免產生親密的感情、藏起自己的情緒、抱著獨行俠的心態）。

焦慮型（非常黏人、追求他人的回應與肯定、沒辦法獨處、戀愛腦）。

混亂型（不知所措、自相矛盾、忽冷忽熱、發出混亂的訊息、渴望親近又害怕親近）。

你是哪一型？你的依附風格如何表現在你的感情中呢？

你可曾注意到我的愛之語？

透過這個練習，你可以看到在上一段感情中你和前任如何用愛之語表達愛意。填寫下列表格，第一個表格寫的是你自己，第二個表格則用來描述你的前任。

愛之語	範例：我表達愛意的方式
服務的行動	供應三餐、安排約會行程、做家事
肢體接觸	擁抱、按摩肩膀、靠在一起
優質好時光	晚上不碰手機
送禮	我不怎麼愛送禮
肯定的言詞	口頭表達謝意或表達以對方為傲的心情

◎練習13

愛之語	我表達愛意的方式
服務的行動	
肢體接觸	
優質好時光	
送禮	
肯定的言詞	

愛之語	我表達愛意的方式
服務的行動	
肢體接觸	
優質好時光	
送禮	
肯定的言詞	

一、哪一點特別醒目？

二、你和前任有什麼相似的地方？

三、你最喜歡前任用什麼方式表達愛意？

四、你覺得你們雙方哪裡合不來？

你是溝通高手嗎？

透過這個練習，你可以了解到自己的溝通風格和這種風格如何影響你的人際關係。從下列敘述中劃線或圈出符合你的項目。

練習 14

一、我會用「我」字句好好表達我的感受（例如「我需要你的陪伴」），而不會用「你」字句指責對方（例如「你整天都在忙」）。

二、我喜歡打開天窗說亮話，雙方尊重彼此的意見，一起討論解決辦法。

三、我不惜一切代價都要吵贏。

四、我會抬高音量壓過對方。

五、我一忍再忍，避免衝突。

六、我很難拒絕別人。

七、我會用高高在上的態度對人冷言冷語。

八、為了達到目的，我可以表面上很隨和，但在背地裡搞破壞。

九、我很難直接表達自己的要求，我會用一點小手段得到自己想要的。

十、我靠說謊達到自己想要的目的。

回顧你劃線或圈出來的項目，想想自己屬於下列哪一種溝通風格。

果決型（第一項和第二項）：最有效

侵略型（第三項和第四項）：充滿敵意與恫嚇

消極型（第五項和第六項）：被動消極、犧牲自己

消極抵抗型（第七項和第八項）：表面配合、內心反抗

心機型（第九項和第十項）：用狡猾、欺騙的手段控制結果

一、你最常用在前任身上的溝通方式是哪一型？

二、你是否也將同樣的溝通方式用在其他人際關係中？

三、你的前任用的是哪一型的溝通方式？

四、你們雙方的溝通風格對彼此的關係有什麼影響？

在一段感情中，是否覺得被愛、被看見和受到支持，對建立安全感來講至關重要。雙方都要覺得能夠放心表達自己，不用擔心受到對方的論斷、咆哮、羞辱、謾罵等等的，才能建立起安全感。你是否為前任提供了一個放心表達的空間？你覺得對方有沒有給你一個安心的空間？若有，又是如何做到的？若沒有，造成阻礙的是什麼？

四種不受歡迎的關係終結者

根據高特曼研究院（Gottman Institute）的創辦人約翰・高特曼（John Gottman）和茱莉・高特曼（Julie Gottman），有四種溝通風格預告了關係的終結，他們稱之為末日四騎士[3]。

批評型（騎士一）	輕蔑型（騎士二）
批評是對伴侶人格的攻擊，比抱怨還嚴重，通常以「你從來不」或「你總是」之類的造句開頭，充滿指責的意味和斷然的用語。化解之道是把「你」字句轉換成「我」字句。	如果批評的情況越演越烈，變得無所不在，接下來就可能演變成輕蔑。在這個階段，你會聽到羞辱、嘲諷、揶揄和貶低。根據高特曼夫婦，「輕蔑帶有道德上的優越感」。化解之道是以感激的眼光看待伴侶，珍惜伴侶對你的付出。

自我捍衛型（騎士三）

自我捍衛是對批評的典型反應。當我們覺得受到了不公平的指控，我們就會為自己開脫、把矛頭轉向對方。防衛通常會導致衝突加劇。化解之道是為自己的過錯道歉，並接受伴侶的觀點。

自我封閉型（騎士四）

自我封閉是對輕蔑的典型反應，你對伴侶置之不理、把自己封閉起來或裝忙，將伴侶隔絕在外。化解之道是練習自我安慰，安撫好自己的情緒再來面對伴侶。

瀏覽末日四騎士溝通類型的摘要，看看你的前一段感情有沒有類似的跡象。了解這些溝通問題很重要，未來你才能避免重蹈覆轍。

譯註❸：末日四騎士（Four Horsemen of the Apocalypse）典出《新約聖經·啓示錄》，四位騎士分別代表瘟疫、戰爭、飢荒和死亡。

在你的前一段感情中，有沒有出現上述的溝通類型呢？若有，是哪些？

你有沒有採取化解之道呢？若有，你是怎麼化解的？

隨堂測驗

你已經學會找出自己主要的愛之語、依附模式和溝通類型，也學會分辨末日四騎士曾否造訪你的感情世界。當你給自己時間，花心思自省，為自己負起責任，你就可以在分手後學到很多關於自己的事情。

完成以下的造句。

一、我的愛之語是＿＿＿＿＿＿＿＿＿＿＿＿＿＿＿＿＿＿。

二、關於我的愛之語，我學到＿＿＿＿＿＿＿＿＿＿＿＿＿＿＿＿＿＿。

三、我最喜歡收到的愛之語是＿＿＿＿＿＿＿＿＿＿＿＿＿＿＿＿＿＿。

四、我最喜歡用來表達愛意的方式是＿＿＿＿＿＿＿＿。

五、愛之語是＿＿＿＿＿＿＿＿的人跟我是絕配。

六、我的依附風格是＿＿＿＿＿＿＿＿。

七、在上一段的感情中，我的依附風格表現為＿＿＿＿＿＿＿＿。

八、針對我的依附風格，我會努力做好＿＿＿＿＿＿＿＿的功課。

九、我的溝通類型是＿＿＿＿＿＿＿＿。

十、我前任的溝通類型是＿＿＿＿＿＿＿＿＿＿＿＿＿＿＿＿＿＿＿＿＿＿＿＿。

十一、在我的感情世界中，高特曼所謂的末日四騎士表現為＿＿＿＿＿＿＿＿＿＿

＿＿＿＿＿＿＿＿＿＿＿＿＿＿＿＿＿＿＿＿＿＿＿＿＿＿＿＿＿＿＿＿＿＿＿＿＿＿

＿＿＿＿＿＿＿＿＿＿＿＿＿＿＿＿＿＿＿＿＿＿＿＿＿＿＿＿＿＿＿＿＿＿＿＿＿＿

＿＿＿＿＿＿＿＿＿＿＿＿＿＿＿＿＿＿＿＿＿＿＿＿＿＿＿＿＿＿＿＿＿＿＿＿＿＿

＿＿＿＿＿＿＿＿＿＿＿＿＿＿＿＿＿＿＿＿＿＿＿＿＿＿＿＿＿＿＿＿＿＿＿＿＿＿

＿＿＿＿＿＿＿＿＿＿＿＿＿＿＿＿＿＿＿＿＿＿＿＿＿＿＿＿＿＿＿＿＿＿＿＿＿＿

＿＿＿＿＿＿＿＿＿＿＿＿＿＿＿＿＿＿＿＿＿＿＿＿＿＿＿＿＿＿＿＿＿＿＿＿＿。

書信習作：我從上一段感情學到的功課

人生的每一個經驗都能讓我們學到一課，雖然有些功課不是那麼顯而易見。在接下來的習作中，你要用白紙黑字寫下你跟前任的關係讓你學到東西。

給自己至少二十分鐘完成這個習作。

練習 15

一、準備好紙筆，安靜坐著。

二、讀一下你在隨堂測驗中寫下的造句。

三、深呼吸三口氣。

四、在信紙上寫下「我從上一段感情學到的功課」這個標題。

五、像是要為雜誌寫文章一般開始寫這封信。

六、高興怎麼寫都可以，對自己誠實就好。

七、關於你自己，關於感情，關於這個世界，寫一寫你學到哪些東西。

八、將你學到的一切全都寫出來。

九、把這封信跟你的告別信（參見第二〇一至二〇二頁）一起收在一個安全的地方。

重點整理

恭喜你完成了訊息量爆炸的一章。現在，你應該已經了解自己的愛之語、溝通方式和依附風格，也知道要注意破壞感情的末日四騎士了。有時候，我們未必看得清楚自己在一段感情中要做的功課。了解自己在上一段感情中的表現、剖析自己的表現對雙方的互動有什麼影響，可以讓你看得更清楚一點。

- 我們能從困境或不愉快的遭遇學到教訓，但最美好的時光教給我們的東西也一樣寶貴。
- 有時候，即使是愉快的往事，回憶起來也很痛苦。
- 雙方都要覺得能夠放心表達自己，不用擔心受到論斷、咆哮、羞辱、謾罵等等，才能建立起安全感。

- 人生的每一個經驗都能讓我們學到一課，雖然有些功課不是那麼顯而易見。
- 當你給自己時間、花心思自省、為自己負起責任，你就可以在分手後學到很多關於自己的事情。

第六章

步驟4：學習放下

大局已定，前任已經掰掰了，那就火力全開奔向未來囉？沒那麼快。當一段感情劃下句點，曾有的計畫都破滅了，昔日的愛人不再讓你依靠了，這時會怎麼樣呢？這時，我們往往還不肯放手，有時是心有不甘，有時是認定了一個想法，有時是執著於一個就是走不出來的原因。

本章旨在學習放下一切對你不再有好處的東西。停滯的能量和畫地自限的執念形成了阻礙，使得你沒辦法敞開心扉、嘗試舉步向前，為人生開啟新的一頁。在邁向愛自己的旅途上，擁有一顆開放的心、允許情緒來來去去，是不可或缺的要素。

保羅・科爾賀（Paulo Coehlo）在《牧羊少年奇幻之旅》（*The Alchemist*）中寫道：「你永遠逃不過自己的心，所以最好聽聽它有什麼話要說。」接下來的正念練習和習作，將協助你聆聽自己的心聲、解開自己的心結、順其自然敞開心扉愛自己。

◎案例分享

力量握在你手中！

我第一次見到小李的時候，他三十七歲，剛和同居三年的女友伊凡分手。他發現她在一個約會應用程式上開了帳號。小李的好麻吉卡洛斯看到她的帳號，拍下截圖傳給小李，附帶一句簡訊說：「兄弟，我很遺憾。」

小李覺得顏面掃地。兩人同居的公寓掛在小李名下，所以他請伊凡立刻搬走，也不願再跟她多談什麼。小李沮喪到好幾個月不再跟卡洛斯聯絡，也拒絕交新的女友。他遠離自己關愛的人，把自己孤立起來。晤談時，我問小李：「要怎麼樣才能讓你走出來？」他卻表示：「伊凡毀了我，我再也無法相信別人了。」

雖然不中聽，我還是跟小李說他必須為自己的療癒負起責任，不能把他現在做的決定怪在伊凡頭上。當然，被背叛的滋味很痛，但怪罪別人並沒有止痛的效果，只會對復原造成妨礙而已。

我們開始討論他必須放下什麼才能迎來新生。一旦小李願意用自己的力量，放下困住他的執念，他就能打開愛自己的大門，並迎向新的戀情。

愛的能量不費吹灰之力油然而生，從容化解了所有阻礙。

在前面分享的案例中，小李很難放下「伊凡毀了我，我再也無法相信別人了」的執念。他對這句話深信不疑，也讓這個想法定義了自己，因為他不願承認自己有能力改變自己的心境。關於你的前任，你是否抱有什麼執念呢？你抱持的想法是什麼呢？

釋放一天的壓力

一天下來累積的壓力可能干擾夜裡的睡眠。到了第七章，你將有機會自創一套夜間儀式，但以目前來講，不妨先試試這個三分鐘的練習。夜裡輾轉難眠時，這個正念練習能幫助你靜下心來，平息反芻不已的奔騰思緒，讓大腦切換到休息模式。

練習16

一、關掉所有的電子產品。

二、舒舒服服躺在床上，閉上眼睛。

三、練習第八十至八十一頁的循環呼吸法。

四、注意你的腦袋裡有什麼不停反芻或徘徊不去的念頭，令你難以放鬆。

五、想像你一一將每個念頭輕輕放到一個灰盒子裡。

六、想像你用白色的緞帶將盒子綁起來，放到櫃子上。

七、你知道到了第二天早上，只要你高興，隨時可以打開那個盒子。

八、感覺你的身體越來越沉，呼吸也慢了下來，平靜的感覺席捲全身。

九、將這股平靜的能量從頭到腳傳遍全身。

十、把注意力放在呼吸上。

十一、眼睛保持閉上，直到墜入夢鄉。

要放下你對兩人共度未來的希望與期待，有時比放下對方還困難；也有時放不下的是自責、悔恨或屈辱。無論放不下的是什麼，都要知道原地打轉只會阻礙你的成長。你是否對自己抱有任何負面的執念呢？你有沒有絲毫的悔恨、自責或屈辱呢？

放不下的確切是什麼？

我們再怎麼想也無法改變過去，這是不可否認的事實。關於逝去的戀情或曾經的伴侶，現在是時候想一想令你放不下的是什麼了——如果重來一次，你可能不會那麼做的事，或你但願自己有說的話和有做的事。

寫下四件你放不下的事情，從「但願我們早點去做伴侶諮商就好了」到「我不能原諒自己在他身上耗了那麼久」都可以。

例句：

因為在金錢這方面受到的欺騙與背叛，我放不下內心的猜疑。

幸好我現在知道真相了，而且還有能力繼續工作賺錢，我願放下猜疑，將不信任的感覺轉換成慶幸的心情。

現在輪到你了：

一、

我放不下________

我願放下________

將________轉換成________。

二、

我放不下________

我願放下________

將________轉換成________。

三、

我放不下＿＿＿＿＿＿＿＿＿＿＿＿＿＿＿＿

我願放下＿＿＿＿＿＿＿＿＿＿＿＿＿＿＿＿

將＿＿＿＿＿＿＿＿＿轉換成＿＿＿＿＿＿＿＿＿。

四、

我放不下＿＿＿＿＿＿＿＿＿＿＿＿＿＿＿＿

我願放下＿＿＿＿＿＿＿＿＿＿＿＿＿＿＿＿

將＿＿＿＿＿＿＿＿＿轉換成＿＿＿＿＿＿＿＿＿。

改寫自己的故事（轉念）

在心理治療上，「轉念」是一個強大的技巧，這麼做有助保持正面的心態，對身心整體的健康快樂都有好處。轉換心境的能力是適應力強的人眾所公認的特質。將念頭轉為正向是指用較為積極的眼光看待人生逆境。第五章教你從失敗的經驗中記取教訓，這也是適應力的一種表現。轉念則是為烏雲鑲上閃閃發亮的銀邊。

透過接下來的練習，你可以學會放下舊的想法，改寫自己的故事，將你學到的教訓和這段經驗的收穫都融入新版的故事中。

針對你無法改變又一直放不下的事情，利用下表轉換心境，改寫苦澀／艱辛／不愉快的故事。

練習17

負面舊想法	閃亮新想法
範例：我四十歲了，沒人要我，我的另一半為了別人拋棄我。	離婚給了我重回校園進修的機會，現在我的事業蒸蒸日上。

這是我的歌

複誦激勵小語有助於滲透你的潛意識、讓你用比較正面的眼光看事情和提升你的活力。為你的「放下小語」配上旋律不但有趣，也會讓這些句子變得更好記。無論你覺得自己有沒有音樂細胞，這個練習都可以激發音樂與創作的療癒力。祝你寫歌開心。

創作一首四到八行的放下之歌、打油詩或童謠。

範例：

〈塔瑪拉勇敢又自由〉

別人說什麼無所謂
我可以勇敢又自由

既然放下了一切
我很好奇接下來會怎麼樣呢……

現在輪到你了。放下停滯的能量，你期待接下來會怎麼樣呢？你想為自己的生活帶來什麼呢？可以是有趣、暖心的東西，有點爭議也沒關係。別忘了，只要能唱出你的心聲，這是你的歌。

歌名：

唱出這首歌

你寫了一首歌！或許你邊寫邊把歌詞唱給自己聽，或許你邊寫邊哼著自己最愛的旋律。你甚至可以勇敢把它拿來跟別人分享。現在，是時候賦予這首歌更多的用途了。

唱歌並隨著節奏擺動有一些不可思議的好處，研究顯示唱歌可以增進生活情趣、舒緩壓力、改善呼吸模式。有一項研究就發現合唱團成員的情緒有正面的改變，包括減輕焦慮感、心情變得比較愉快。

把你的歌唱出來，作為一種愛自己的證明。

一、穿著舒適的衣服。

二、確保有足夠的空間讓你的身體隨著歌曲舞動。

三、看著鏡中的自己唱歌（鏡子可略）。

四、隨著節拍擺動。

五、一遍遍反覆重唱，每一遍都唱得再更大聲一點（如果環境允許）。

六、每唱一句就想像你放下一件對你不再有好處的東西。

七、至少唱七遍。

八、笑一笑，謝謝自己。

人常常以為放下的意思就是要忘記一切，但放下其實是要放掉對你不再有好處的執念。「遺忘」不是目標。真正的目標是不要緊抓過去不放，導致自己難以平復，也沒辦法自然而然去愛。目前的你，有沒有什麼放不下但對你不再有好處的東西呢？你是不是覺得很難放手？為什麼很難呢？

氣球填字

如果能在氣球裡填上你想放手的東西，然後將氣球放飛（象徵放下那東西），那該有多美妙？釋放拖住腳步、阻礙成長的東西有著宣洩的作用。為了做到放下，我們要先認清什麼對自己不再有好處，認清楚了就可以放下了。接下來的習作可以讓我們認清是時候放下什麼東西了。

針對這個習作，請設定一分鐘的時間，確保不會受到打擾。在每個代表氣球的圓圈中寫下一個你想放下的東西，可以是一個字、一個圖案、一句話、一個人名或一個執念——任何你希望自己能放下的東西都可以，想到什麼就立刻寫下來，不要想太多，也不要加以評斷或過濾。我們來看看當你沒時間多想的時候會怎麼樣。

例：
對自己說
負面的話

一、你填了幾個氣球？

二、做這份習作時，你心裡有什麼感覺？

三、身體又有什麼知覺反應？

四、在你寫下的內容中，哪一件事的感受最強烈？

放飛氣球冥想練習

如果放下對我們不再有好處的東西就像放飛氣球一樣，放手就不是那麼困難的一件事了，甚至還變得好玩很多。放飛真實的氣球對環境不好，而且準備起來頗花功夫，但只要透過冥想，我們的大腦也可以得到一樣的體驗。

既然你的氣球都填滿了，現在就來放飛它們吧。

練習 19

一、舒服地站著或坐著。

二、閉上眼睛。

三、想像你在一片草地的中央。

四、在大自然的包圍下，你覺得很放鬆。

五、你的雙手緊抓著氣球。
六、你很渴望放開手裡的氣球。
七、手裡抓著氣球的你沒辦法在草地上打滾。
八、深吸一口氣，抬頭看看天空，雙手高舉過頭，放掉手裡的氣球。
九、看著氣球慢慢飄走，遠離你的視線。
十、你終於可以躺在草地上滾一滾了。
十一、你看著前所未見的蔚藍天空，躺在草地上打起盹來。
十二、最後再吸一口氣，睜開眼睛。任務達成。

「改變」令人忐忑，有時我們守著不健康的習慣、傷心的回憶、畫地自限的執念和對你不好的人，只因這一切已經很熟悉，而我們畏懼未知的人事物。守著對你不再有好處的東西只會妨礙你創造新的經驗。你都不好奇未來有什麼在等著你嗎？你想不想知道一旦放下你苦守的東西，人生會怎麼樣？若能掙脫困住自己的阻礙，你最期待為自己的人生創造什麼？

關上這扇門，打開另一扇門

我們都聽過「一扇門關上，另一扇門就會打開」或「舊的不去，新的不來」之類的老話，意思是舊的人事物一旦離開我們的人生，我們就有了時間和精力用在別的人事物上。

在你放手關上一扇門的同時，想想你願為人生開啟哪幾道門。在下圖中寫下你想關上的門和你想開始的新嘗試。

範例：

關上的門：和解的可能、認為自己不夠成功的想法。

範例：

新開的門：無條件愛自己、探索更多新事物。

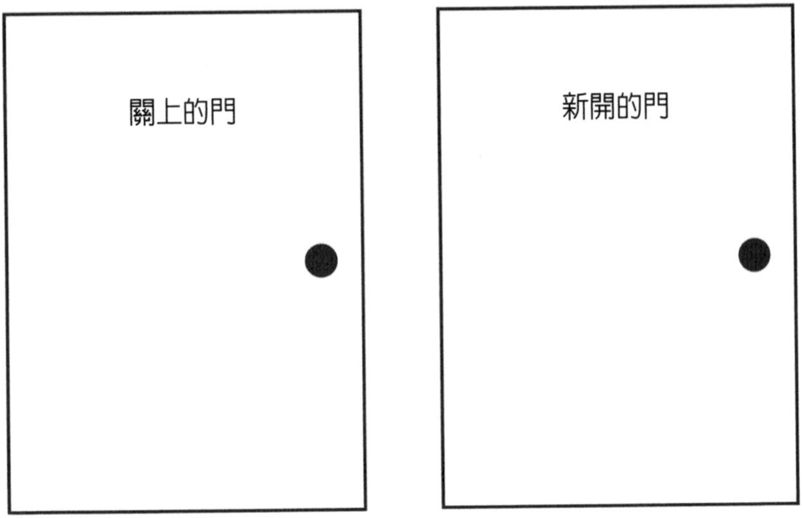
關上的門
新開的門

填完兩扇門的內容後，用麥克筆在「關上的門」上畫一個大大的叉。如果你手邊有螢光筆，也可以為「新開的門」畫上一圈螢光。

我準備告別過去了！

即使我們知道是時候了，也知道放手才是最好的，但告別過去通常還是很不容易。告別代表結束，而結束總是令人心酸。我們堅持得越久也就越難放下，但隨著結束而來的可能是新的開始、神奇的機緣。

還記得我曾徵詢我父親的意見，當時我已經為一段感情努力了很多次（感覺有一百萬次那麼多），該不該再努力最後一次？我父親心疼地對我說：「是時候閃人了。」無論你是說「閃人」、「莎呦哪啦」、「掰掰」、「謝謝再聯絡」，還是說「adios」、「arrivederci」、「au revoir」、「aloha」❹，當事情已來到對你不再有好處、你準備告別一切了的地步，寫一封告別信是個效果強大的輔助方式。

接下來的習作將為這封告別信暖身。每個造句寫一句。

一、我準備告別＿＿＿＿＿＿＿＿了。

二、我體認到＿＿＿＿＿＿＿＿。

三、我為＿＿＿＿＿＿＿＿負起我的責任。

四、我原諒＿＿＿＿＿＿＿＿。

五、我接受＿＿＿＿＿＿＿＿。

六、我已經學會＿＿＿＿＿＿＿＿。

七、我歡迎＿＿＿＿＿＿＿＿。

八、我很感激＿＿＿＿＿＿＿＿。

譯註❹：以上分別是西班牙文、義大利文、法文和夏威夷語的「再見」。

書信習作：我的告別信

現在，是時候寫下你的告別信了。這本習作簿，你已經完成了一大半，這封告別信就是你累積至今的成果。恭喜！

為這個習作預留至少十五分鐘。我偏好的做法是到某個親近大自然的地方，例如公園或海邊。若是沒辦法出門，你也可以在家寫這封告別信。請把這本習作簿合上。

你需要一張紙、一枝筆和一些水。

練習20

一、到戶外找一個不會受到打擾又可以舒服坐著的地方。

二、觀察周遭環境，注意自然界的動靜。

三、深呼吸三口氣。

四、不看習作簿，開始寫你的告別信。

五、專注在「告別」的目標上，讓文字自然而然地流洩出來。

六、把你想寫的都寫完為止。

七、寫完之後，把整封信唸一次。

八、觀察自己的身體有什麼知覺反應。

九、將這封信撕成碎片，每撕一下就說一次：「我放下你了。掰！」

十、照你想要的方式丟棄這些碎片。

十一、謝謝自己勇敢地完成了這件事。

重點整理

完成這一章之後，你的心情輕鬆了點。放飛氣球、撕掉告別信、把你的煩憂裝進盒子裡打個蝴蝶結，這一切都為新的可能清出了一塊空間、騰出了一塊地方。恭喜你完成這本習作簿最難的幾章了。接下來幾章的練習、實作和內省將重建你的自我價值，讓你做好重新出發的準備。現在，我們先來複習一下。

- 就算你知道是時候了，也知道放手才是最好的，但告別過去還是很不容易。
- 放手的目標不是忘記一切，而是不要緊抓過去不放，導致自己難以平復，也沒辦法自然而然去愛。
- 在心理治療上，「轉念」是一個強大的技巧，也是適應力強的人眾所公認的特質。確切說來，轉念是用較為積極的心態看待人生逆境。

- 停滯的能量和畫地自限的執念，妨礙你敞開心扉，也妨礙你迎向未來、創造新人生。
- 隨著結束而來的可能是新的開始、神奇的機緣。

第七章

步驟5：重建自我價值

分手後，我們有必要審視一下自己的內心世界和周遭世界起了哪些變化。無論是誰提出分手，一段感情的結束，對雙方的自我認知和自我價值感都會有所影響。

許多我輔導過的個案都曾向我吐露，沒有這個伴，他們再也不知道自己是誰了。他們落入「不夠好」的自我認知之中，對自己嫌東嫌西。你的自我價值感有多少是來自別人呢？

在這一章，你要看看自己是如何從感情中獲取自我價值，也要認識自己有哪些優點和愛好，並練習對自己和他人雙方面的同理。就從現在開始落實對自己無條件的愛。我相信無論是什麼情況、無論誰在你的人生中來來去去，你都值得存在，也值得被愛。放下對你再也沒有好處的東西、練習自我接納和同理自己、嘗試和別人溝通交流，終將為你帶來更大的自我價值感。

你將學會以「我值得」為起點來摸索人生的方向。透過跟自己、跟他人的溝通交流，你將以人性為本，建立穩固的人我關係，你的自我價值感自然而然就會重建起來了。好好享受這個過程吧。

無限的可能

分手後，尼可拉斯整個人都垮了。交往七年的同居伴侶在一次火爆的爭吵過後要他搬出去。尼可拉斯的弟弟、二十三歲的亞歷山大最近剛有了自己的住處，尼可拉斯還在找房子，弟弟邀他先過去一起住。

尼可拉斯第一次來晤談時，他說他覺得自己「殘破不堪」。曾經充滿自信、一心以結婚為目標的他竟然感情「失敗」，做哥哥的還淪落到要靠弟弟「收留」。尼可拉斯和前任已經吵到不可開交的地步，兩人不只互相辱罵，也缺乏緩和衝突所需的辦法和能力，苦於找不到化解之道。久而久之，他的自我價值感也受到了衝擊。

和亞歷山大同住期間，尼可拉斯重拾他曾經樂在其中的活動，跟亞歷山大一起打電玩，也幫忙做家事，甚至給弟弟一些過來人的建議。尼可拉斯一點一滴找回被他遺忘的自我，也漸漸敞開心扉迎接新事物。隨著自我價值感的提升，他開始為自己爭取更多的機會，甚至去應徵他原先自認望塵莫及的工作。

在為了新工作搬去洛杉磯之前，骨子裡有詩人魂的尼可拉斯寫來一封文情並茂的 email：「不得不離開時，我的心碎了一地。關於前任的回憶永遠都將常駐我心，但最重要的是我想起自己是誰了。我值得被愛，也值得受到尊重。感謝亞歷山大陪在我身邊。感謝諮商師給我的協助。我以自己為榮。保重！」

我就是愛的體現；我的價值是與生俱來的。

人際關係對我們的自信有很大的影響。當我們有人愛、有人要、有人珍惜，我們對自己的感覺通常就會比較好，也更覺自己值得被愛。當一段關係結束時，我們一開始可能會覺得自己沒人要了、沒人愛了、沒有保障了。這些都是一時的感受，根據的也只是當下的境遇。你可曾因為別人對你的看法，覺得不配被愛、不配受到尊重？你是否從逝去的那段關係獲取自我價值感？若是如此，又是如何獲取的呢？

從日出到日落，儀式很重要

自我照顧和自我同理是愛自己的兩大要素。在愛自己的實作練習中，你向自己傳遞了「我知道如何照顧自己和保障自身安全」的訊息。研究顯示，每天早晚自創一套固定的儀式有助減輕焦慮，因為生活的規律會為大腦帶來安全感。你可以根據自己的狀況和需要調整你的日常儀式，這些儀式隨你的心、合你的意最重要。

晨間儀式範例	夜間／睡前儀式範例
靜坐	靜坐
瑜伽拜日式	深呼吸
摺棉被	寫日記：寫下每天要感謝和反省的事情
寫下今天的目標	沖澡或泡個熱水澡
伸展操	溫和的伸展動作
靜靜喝茶／咖啡	喝一杯熱飲
整理思緒	放舒緩的音樂來聽
敲頌缽	訂下明天的目標
禱告	關掉所有電子產品

利用下表寫下你每天一定會做到的晨間和夜間儀式，持之以恆就能確保你每一天都內心平靜、每一刻都活在當下。你可以參考上面的範例，也可以自由發揮！

晨間儀式範例			
夜間／睡前儀式範例			

自我同理隨堂測驗

懂得同理自己被認為是適應力強的人首要的特徵之一。

勾出符合你的敘述，用這個小小的測驗了解一下你的自我同理指數。

一、我在出錯之後會不斷反覆回想，氣自己沒做好。

二、萬一出錯了，我不會自責，但是會分析原因，然後再試一次。

三、我的表現如果令自己失望，我會對自己說一些很負面的話。

四、我覺得原諒別人比原諒自己容易。

五、我肯定自己的小成就，也肯定自己的努力。

六、如果「失敗」了，我會罵自己難聽的話來激勵自己做得更好。

七、如果「失敗」了，我會用慈愛的話語鼓勵自己再試一次。

根據測驗結果，用下列方式落實愛自己的行動或體會愛自己的奧義：

勾選第一、三、四、六項的人——從肯定自己的情緒開始練習自我同理，改用溫暖、寬容、不帶論斷的方式跟自己說話。你可以想像自己是在跟更年幼的自己（也就是你的內在小孩）說話，給這孩子無條件的愛。

勾選第二、五、七項的人——你在出錯時懂得同理自己、安慰自己和肯定自己的努力，保持下去就對了。

自我同理影響著我們對自己的觀感，也和我們的自我價值感息息相關。你跟自己說話的方式很重要。許多人都會對自己言語霸凌，但也有些人會用溫言軟語善待自己。我常鼓勵個案用親暱的稱呼對自己說話，例如：「塔瑪拉，我的寶貝啊，你為什麼會做這種決定呢？」

近來你都怎麼跟自己說話？你給自己的是批評還是同理？抑或兩者皆有？你會用疼愛的口吻，還是用辱罵的語句？你對自己說了什麼呢？

我很了不起，因為……

外來的肯定感覺很棒。當別人肯定你把事情做得很好的時候，誰不會覺得輕飄飄？在社群媒體上貼文得到一堆「讚」或在交友 app 上得到很多的「向右滑」❺，感覺自然也會好得多。

人多半都喜歡自己的成就得到他人的認可。然而，比起旁人的意見，能夠找出自己值得欣賞的地方、肯定自己的價值，對你更有好處。

有時候，當我問人「你覺得自己有什麼了不起／很厲害／很酷／很棒的地方」，對方會答不上來。有些人認為說自己哪裡哪裡好也太厚臉皮了點，有些

譯註❺：在 Tinder 之類的約會交友 app 當中，軟體跳出一張張個人照片，向左滑是「不喜歡」，向右滑是「喜歡」。當兩個用戶互相「喜歡」，雙方就配對成功。

人則是真的想不出來自己有什麼可愛之處。在下面寫下十二件你喜歡自己的地方。這個習作的重點在於你認為自己哪裡好，不在於別人認為你哪裡好（除非你也有同感）。

例句：

我喜歡自己愛看書，因為閱讀對我來說就像探險。

一、我喜歡自己＿＿＿＿＿＿＿＿，因為＿＿＿＿＿＿＿＿。

二、我喜歡自己＿＿＿＿＿＿＿＿，因為＿＿＿＿＿＿＿＿。

三、我喜歡自己＿＿＿＿＿＿＿＿，因為＿＿＿＿＿＿＿＿。

四、我喜歡自己＿＿＿＿＿＿＿＿，因為＿＿＿＿＿＿＿＿。

五、我喜歡自己＿＿＿＿＿＿＿＿，因為＿＿＿＿＿＿＿＿。

六、我喜歡自己＿＿＿＿＿＿，因為＿＿＿＿＿＿。

七、我喜歡自己＿＿＿＿＿＿，因為＿＿＿＿＿＿。

八、我喜歡自己＿＿＿＿＿＿，因為＿＿＿＿＿＿。

九、我喜歡自己＿＿＿＿＿＿，因為＿＿＿＿＿＿。

十、我喜歡自己＿＿＿＿＿＿，因為＿＿＿＿＿＿。

十一、我喜歡自己＿＿＿＿＿＿，因為＿＿＿＿＿＿。

十二、我喜歡自己＿＿＿＿＿＿，因為＿＿＿＿＿＿。

人常將自我價值和自我觀感混為一談，有一個簡單明瞭的區分方式是：自我觀感是變動不定的，常視心情和情況而定。換言之，自我觀感只是我們在一時之間「覺得」、「認為」或「以為」自己怎麼樣。自我價值則是一個核心信念——你「知道」自己的可貴之處和與生俱來的價值，你的自我價值感就是以這份自我認識為基礎的。在此時此刻，你會怎麼描述你的自我觀感？又會怎麼描述你的自我價值呢？

我〇〇，我驕傲！

有時候，當我們不斷回想自己犯的錯或自認為做不好的地方，就很難想起自己也有值得驕傲的時候。能夠為自己驕傲，也關係到一個人的自我價值。

寫下三個你最驕傲的時刻，並寫下你憑藉自己的什麼力量實現了這些成果。用這些力量支撐你繼續這段愛自己的旅途。

例句：

我堅持吃更多有營養的食物，我驕傲，因為這麼做可以改善健康狀況，但做起來不容易，我卻憑著自己的適應力與毅力做到了。

一、我＿＿＿＿＿＿，我驕傲，因為＿＿＿＿＿＿，
我卻憑著自己的＿＿＿＿＿＿做到了。

二、我＿＿＿＿＿＿，我驕傲，因為＿＿＿＿＿＿，
我卻憑著自己的＿＿＿＿＿＿做到了。

三、我＿＿＿＿＿＿，我驕傲，因為＿＿＿＿＿＿，
我卻憑著自己的＿＿＿＿＿＿做到了。

這個習作的目的是讓你認識自己的力量，請寫下你用了什麼力量做到令你自豪的事情：

每個人對於一個人值不值得被愛有不同的看法。有些人認為要看條件而定，有些人卻認為每個人生來都是值得被愛的。探究自己的觀念體系，有助於釐清你為什麼覺得自己值得愛或不值得愛。成長過程中，你是否學到了自己的價值？你的主要照顧者是否讓你覺得自己值得愛？為什麼值得？為什麼不值得？現在你覺得自己值得愛嗎？是什麼讓你值得愛？你覺得每一個人都值得愛嗎？

跟畫地自限的執念說掰掰

畫地自限的執念妨礙我們跨出舒適圈、嘗試新事物。我常聽到「我是那種──的人」之類的說法。這種說法就充滿了局限性。

請回答下列「如果我可以」的問句。

一、有沒有什麼你很羨慕但從未試過的事情？試舉一例。

二、你為什麼不試一試呢？

三、試一下會怎麼樣呢？

四、有什麼事情是你只做過一次（或許是在小時候，或許是在年輕一點的時候），雖然很懷念，但卻不曾再做過的？

五、再做一次會怎麼樣呢？

六、有什麼事情是你內心深處一直很渴望但卻自認做不到的？

七、如果你可以做到呢？你會有什麼感覺？

是的，我可以！

在前面的習作中，你跳脫畫地自限的想法，探究自己要怎麼樣才會去嘗試一直想做的事，做了又會有什麼感覺。

現在，從你的願望清單中挑一件出來，下定決心實現它。

一、我下定決心要突破________這個畫地自限的想法。

二、我要對自己說鼓勵的話語，例如：我可以________________。

三、為了實現這件事，我會採取________的行動。

四、我決定好了，就從＿＿＿＿年＿＿＿＿月＿＿＿＿日這一天開始。

五、我知道＿＿＿＿＿＿＿＿＿＿＿＿＿＿＿＿可能會對我造成阻礙。

六、我能、我會、我可以用＿＿＿＿＿＿＿＿＿＿＿＿＿＿＿＿來克服障礙。

將我的優點化為善意的舉動

在二一八頁的「我喜歡自己＿＿＿＿＿＿，因為＿＿＿＿＿＿。」習作中，你找出了自己身上的可貴特質。本頁的習作，則要助你將自己的優點或天分化為善意的舉動。

在下表上列寫下八個你覺得自己很棒的特點，並在下列寫下你可以用這個特長為別人做什麼。

可貴的特質	善意的舉動
範例：我愛看書。	我可以去養老院、圖書館或學校唸書給老人或小朋友聽。我也可以捐書或發起讀書會。

寫感恩日記，每天練習散播歡樂散播愛

透過善意的舉動散播愛，捲起袖子開始把這個世界變成一個更好的地方吧！你可以自己來，也可以邀別人一起加入。幫助人類、地球、環境、動物和一切生靈不必花很多錢，也不用耗掉你一整天或耗盡你的心力。這些善舉漸漸就會變成有意識的舉動，除了為世界注入愛的能量以外，背後沒有別的意圖。

你可以從底下這些好主意開始，也可以自由發揮，生活中還有無數的可能。

- 讓路給別人。
- 打電話或傳簡訊給朋友，表達你的想念。
- 為某個理念捐錢或貢獻時間。

- 幫別人開門。
- 對陌生人說句好話。
- 送花給某個人，沒什麼原因，就是想送而已。
- 對路人微笑。
- 去動物之家當志工。

一、自己負責記錄自己的善舉，每晚把你做了什麼寫進感恩日記中。例如：我謝謝自己今天選擇去（在這裡寫下你今天做的好事）。

二、發起感恩簡訊分享團，透過簡訊跟朋友、家人、同事分享大家當天做的好事。善意是會傳染的，和別人分享可以為你、為他們和全人類帶來支持的力量。

沿路慷慨待人冥想

研究顯示助人會增進幸福感。核磁共振造影（MRI）已經證實了慷慨的舉動會啟動大腦的獎勵迴路（reward cycle），產生所謂的「暖光」（warm glow）❻，也就是人在為別人做事時油然而生的滿足感。

一、採取舒適的坐姿。

二、深呼吸三口氣。

三、想像自己沿著綠樹成蔭的小徑前行。路上鳥兒啁啾，陽光燦爛。

四、你看到有個人騎著腳踏車爬坡。

五、你在坡頂，注意到他騎不上來、打算放棄。

六、你看著這個人的眼睛，用眼神為他加油打氣。

七、他拚盡全力騎了上來，在短暫的交會間，你們對彼此笑一笑。

八、你繼續向前走。

九、你口渴了，於是走到飲料攤前。

十、排隊時，你聽到排在你前面的人缺一塊錢。

十一、你替他付了飲料錢，也給自己買了一杯。

十二、接下來，你坐在草地上，望著天空享用你的飲料。

十三、你回想這一路上碰到的人，體會到你和眾生萬物都是一體的。

十四、表達感激，睜開眼睛。

譯註❻：作者此處所述為經濟學家詹姆斯．安德里尼（James Andreoni）提出的溫情效應付出心理（Warm Glow Giving），意指人在助人、利他、做好事時引發自身精神上的滿足感，內心洋溢溫情，猶如一片溫暖的光輝。

慷慨冥想回顧

在前面的冥想活動中，你著眼於利他的精神和慷慨的行為。助人讓我們覺得更靠近自己，也更靠近別人。身而為人，大家都是一體的。在這個習作中，你則要回顧走在大自然中的感覺，以及沿路「邂逅」的人帶給你的感受。

一、你走的這條自然步道／小徑看起來是什麼樣子？

二、你記得自己的穿著打扮嗎？如果記得，請描述你穿了什麼。

三、你遇到的第一個人有什麼特徵？

四、當單車騎士成功騎上坡來、你們兩人都笑了的時候，你有什麼感覺？

五、幫陌生人買飲料時，你在想什麼？

六、停下腳步坐在草地上時，你有什麼感覺？

七、坐在草地上時，你觀察到周圍有什麼？

八、喝下第一口飲料時，你有什麼感覺？

九、喝飲料時，你的身體有什麼知覺反應？

十、當你體會到自己和萬物彷彿都是一體的，描述一下你注意到的想法、知覺感受和心情。

十一、此時此刻你有什麼感覺呢？

重點整理

到了此時，你已經消化過自己的感受、排除了一些障礙，並放下對你再也沒有好處的東西。在這一章，你提醒自己有哪些可貴之處、想了想有哪些你想嘗試的新事物，並透過正念冥想來感受自己內心的「暖光」。你為自己重新充飽電了！現在，我們來複習一下。

- 無論是誰提出分手，一段感情的結束，對你的自信和自我價值感都可能有負面的影響。
- 對自己常懷同理心，被認為是適應力強的人首要的特徵之一。
- 建立晨間儀式和睡前儀式可減輕焦慮，因為固定、規律的儀式會向大腦傳遞生活安穩的訊息。

● 慷慨的舉動會啟動大腦的獎勵迴路，產生所謂的暖光，也就是人在為別人做事時油然而生的滿足感。

● 你知道自己與生俱來的價值，你知道自己值得愛——自我價值感就是建立在這個核心、基礎的認知之上。

第八章

步驟6：重新閃亮登場

你已經完成了這麼多習作。現在，如果面臨壓力很大的情況，你懂得用正念冥想和深呼吸的技巧穩住心跳、找回內心的平靜。這些技巧隨時隨地任你使用。你有應變的辦法和能力了。

是的，你學到了很多。然而，我們還剩一章要努力。在最後一章，你要綜合目前為止學到的一切，擬定一套未來持續練習愛自己的計畫，並釐清人生接下來想往哪裡走。當你重新出發、開始跟人約會時，要知道你呈現自己的方式和你跟對方互動的方式都很重要。是會落入有問題的舊模式，還是會選擇一個合適的伴侶，就看你怎麼做了。

重新出發最重要的一點，就在於誠實認識自己，知道自己是誰、想要的是什麼，而且，無論有沒有一個伴，你都能夠愛自己，並落實愛自己的具體做法。現在，我們就來談談如何讓你重新閃亮登場吧！

海莉 2.0

早在海莉上次分手前，我就已經認識她了。她是我最早輔導的個案之一。她本來在雙親家庭中長大，但父母在她高中最後一年離婚了。十二歲前，她都是家中唯一的孩子，直到她疼愛的弟弟出生為止。海莉很文靜，但只要她覺得自在，她也可以很健談。

結束一段三年的感情又失去工作之後，她花了六個月「重新把自己拼湊起來」。海莉變得更有自信，甚至找到一份待遇更好的工作。但她還是對新戀情卻步，儘管她很希望遇到「對的人」。

不管是交朋友，還是談戀愛，海莉都很怕重新出發。但她渴望新的邂逅，只是不知從何開始。我們嘗試將她過去六個月來對自己的新發現整合起來。我們談到她目前愛自己的具體做法，也談到她如何開始每天複誦有關自我價值的激勵小語。透過這些做法，現在她深深相信自己值得被愛，也值得擁有幸福。海莉看得見自己的進步，愛自己的實作練習已經讓她不再尋求外來的肯定，她的價值就由她自己決定。現在，她需要的只是「海莉2.0」新計畫。

她體認到什麼讓她覺得最真實，也有了自我表達的能力，知道怎麼和人溝通她想過的生活。她也釐清了實現追愛目標的步驟。每天的自我激勵和愛自己實作練習，給了她認識新朋友的自信，更讓她不畏挫折、勇於追求自己對藝術的熱愛。透過每天練習選擇敞開心扉、做更多自己樂在其中的事、展現出真實的自己、多多和外界互動，海莉持續有意識地培養她的自我價值。每天不斷的練習改變了她的人生。

我就是愛，我就是自己的真理，我願迎向無限的可能。

重新出發可能令人既期待又害怕！你已經備妥勇往直前需要的智慧、資訊和工具，隨時都能向前邁進。不同的人聽到「重新出發」四個字可能有不同的感受和想法。有些人想的是跟朋友出去，有些人想的是開始嘗試約會，也有些人覺得去買新衣服這麼簡單的舉動，就是「重新出發」的表現。這四個字的定義沒有標準答案，只要忠於你自己的答案就好。看到「重新出發」這四個字，你想到的是什麼？首先浮現你腦海的是什麼？

你如何跟外界互動？

重新出發需要跟外界互動。儘管這一段學習愛自己的旅途一直著重於內在的發展，但本篇的習作要把焦點放在如何帶著新的領悟和外界互動。

這個習作是關於觀察外界的反應，同時密切注意自己的表現。過程中，你要專注在這個意念上：

「今天，我是周遭世界的觀察者，我要注意自己跟外界交會的瞬間。」

挑一個尋常的日子來完成這個習作。在這一天，你要練習時時保持正念，每一個當下都懷著你要跟外界互動交流的意念。所謂交會的瞬間，可以只是和另一個人眼神交流、互相微笑，也可以是摸摸一棵樹、看看一隻飛鳥、祝人度過愉快的一天、請前面的人喝杯咖啡，或拍拍一隻小狗。

這個習作的重點在於「連結」，將自己視為眾生的一分子，提醒自己你並不孤單。到了一天的尾聲，寫一篇日記，記錄你觀察到的一切，寫下這一切給你什麼感覺，以及你在跟你互動的人身上注意到什麼。

分手後，在投入下一段戀情之前，每個人覺得自己「準備好了」所需的時間長短不一。有些人認為自己「應該」多等一等，有些人則認為空窗期的長短要看你和前任在一起多久而定。關於重回情場的時間表，你目前的想法是什麼呢？你覺得自己已經準備好要跟別人交往了嗎？若是如此，你怎麼知道自己準備好了？若否，又是為什麼呢？

我準備好了嗎？

你必須先問問自己：「我準備好要＿＿＿＿＿＿＿＿＿＿＿＿了嗎？」分手後，重新出發的想法可能令人卻步，也可能代表許多含義，例如重新開始交朋友、談戀愛、旅行、跳舞或展現脆弱的一面。重新出發需要決心和勇氣——如果你完成了這本習作簿，我相信你已經具備這兩種特質了。

在前一項習作中，你被問到是否覺得自己準備好可以投入新戀情了。由於你要找出更明確的準備方向，不妨想想二五〇頁提出的問題，逐條釐清自己需要什麼才能準備好。人總想給出「最好的」答案，但別忘了，最真實的答案就是最好的答案！用你最真實的回應，填寫下表中的空格。

準備做什麼？	我準備好了嗎？	我怎麼知道？	我需要什麼才能準備好？
心理諮商	準備好了	因為我需要心理師協助消化我的感受。	我需要找到一位適合我的心理師。

根據我是誰決定我想要什麼

一路做這本習作簿到現在，你已經熟悉最新版的自己了。分手後，我們有了成長與蛻變。接下來的這項習作將結合你對自己的認識，帶你了解一下未來適合你的可能是什麼。

填寫空格，完成以下的造句。

一、我的愛之語是＿＿＿＿＿＿＿＿。我訴說愛之語的具體方式是＿＿＿＿＿＿＿＿。我認為＿＿＿＿＿＿＿＿＿＿＿＿＿＿＿＿對未來的伴侶和我之間的相處很重要。

二、因為我＿＿＿＿＿＿＿＿，所以我的依附風格是＿＿＿＿＿＿＿＿。適合我的伴侶應該是＿＿＿＿＿＿＿＿型的人。

三、看過高特曼的末日四騎士理論之後，我發覺自己有時會用＿＿＿＿＿＿＿＿的方式溝通。在下一段感情中，我希望對方可以用＿＿＿＿＿＿＿＿＿＿＿＿的方式跟我溝通，而我也會用＿＿＿＿＿＿＿＿＿＿＿＿的方式達成有效的溝通。

四、根據我對自己的認識，我希望跟具有下列特質的人在一起：＿＿＿＿＿＿＿＿＿＿＿＿＿＿＿＿＿＿＿＿＿＿＿＿。

我的支持系統

在學習愛自己的過程中，你已經學到照顧自己的辦法和技巧，有了這些辦法和技巧的支持，你就可以掌握心理與情緒的健康快樂。剩下的旅途，儘管你大可選擇獨自探索，但你也可以嘗試建立自己的支持系統、拓展自己的人際圈。跟志同道合的人組成一個團體、向家人和朋友尋求支持、加深這些人際關係、尋求一對一的心理諮商或團體治療，這些做法都能在接下來的旅途中給你支持。

尋求支持或外援的對象：

朋友

心靈導師

家人

宗教團體

治療師

互助會

支持團體

靠自己的辦法：

寫日記

靜坐冥想

運動

從事一項興趣

回答下列問題，了解你目前可能需要什麼形式的支持。

一、度過糟糕的一天，想讓心情好一點的時候，我可以：

A找＿＿＿＿＿＿＿＿聊一聊。

B用＿＿＿＿＿＿＿＿的方式自己排遣。

二、我想出去活動活動的時候，我可以：

A找＿＿＿＿＿＿＿＿一起去。

B用＿＿＿＿＿＿＿＿的方式自己做到。

三、當我渴望肢體接觸的時候，我可以：

A找＿＿＿＿＿＿＿＿。

B用＿＿＿＿＿＿＿＿的方式滿足自己。

這段學習愛自己的旅途，你已經走了這麼遠，光是堅持到這裡就代表你很有決心。既然這本習作簿都快寫完了，為了將你目前已有的改變保持下去，你會考慮接受心理治療嗎？為什麼會？為什麼不會？你的治療目標是什麼？你希望治療師具備什麼特質？如果你決定不做心理治療，在完成這本習作簿之後，你打算如何保有改變的成果、不斷成長下去呢？

白紙創意習作：你的心靈白板上有什麼？

啟蒙哲學家約翰・洛克（John Locke）用白板來比喻每個人生來都是潔白無瑕、既無知識也無想法的狀態。許多人認為白紙代表無限的可能，在白紙上可以盡情揮灑創意。每個人拿到一張白紙的感覺各不相同。給自己一個機會，對著白紙探索腦中浮現的創意，這麼做不只有啟發與淨化的作用，也很有趣。

你需要一張白紙來做這個習作，搭配任何一種書寫工具（色筆、螢光筆或原子筆）都可以。如果你寫出樂趣來了，不妨考慮買一本素描簿，把白紙創意習作當成一個定期活動。我有些個案不用線條筆記本，而是用素描本，因為在素描本上既可以畫畫、寫字、塗鴉，也可以貼貼紙，或做任何你想得到的創意活動。

從底下三個主題選一個出來，在白紙上畫下（創作）浮現你腦海的東西。

一開始可能畫不出來或畫不好，但不要評斷自己的表現，跟著創意走就對了。

無限的可能

完美的一天

我的樂園

不去評斷自己在前一項習作中畫得如何或寫得好不好，單純只是描述一下你的作品。想像這幅作品在美術館展出，有它專屬的一個展廳，館方請你來介紹它對你而言的意義。你會跟參觀的民眾分享什麼呢？你會怎麼描述自己的作品呢？想像自己跟別人分享內心世界，感覺起來怎麼樣呢？

愛自己之旅的五大絕招

只剩幾個習作就完成這本習作簿囉。有時候，手邊有這麼多素材可能會讓人有資訊超載的感覺。

在這個習作中，你要寫下對你最有幫助或最深得你心的五大絕招（實作／練習／激勵小語），以及它們在這本書當中的頁數。接下來，在完成這本習作簿之後，跟自己約定好，未來至少要把這五大絕招拿出來用。或許你已經開始固定練習其中幾項了。依個人需求，你可以自由決定要用五種以下或以上，這是你跟自己的約定，所以全看你怎麼選擇！

頁數	招式（項目）	為什麼這對你有幫助？	頻率
第八〇頁	循環呼吸	它幫我穩住心跳、平靜下來。	我計畫每兩天一定要練習一次。

敞開心扉接地冥想

這是最後一個冥想練習了。你準備好了。保持開放的心胸。如有可能就到自然環境中，光著腳踩在地上練習「接地」，加強這次冥想的感受。

練習21

一、找一個安靜的地方，舒服自在就好。
二、敞開雙臂，深呼吸三下。
三、注意力移到雙腳，仔細體會踏在地上的感覺。
四、你的腳是冷是熱呢？
五、雙臂保持張開，慢慢地自然呼吸，雙腳踩進土裡。
六、想像你和周遭萬物一體相連、一同呼吸，你對這份連結充滿感激。

七、若是注意到什麼聲響，就把它聽進心裡去。
八、感受空氣的能量充滿胸腔，進入你的心房。
九、想像一道綠色的亮光，帶著愛的能量進入你的心，並擴散到全身。
十、雙腳和土地相連時，隨著呼吸將心中的罣礙呼出去，讓明亮的綠光在你內心大放光芒。
十一、最後一次張開雙臂，同時深吸一口氣。
十二、慢慢把氣吐出來，輕鬆地放下雙臂垂在身側。
十三、愛自己的接地冥想完成了。

觀察我的喜怒哀樂與知覺感受

花點時間檢視一下自己，完成以下的造句練習。你可以回頭參閱第三章的身體知覺感受表、情緒感受覺察表和個人情緒強度表。這個習作的目標是要讓你隨時隨地都能察覺自己的感受，並用最貼切的用詞描述這些感受。

指出自己的三種感受，各寫一個句子加以描述，並深入探討為什麼你有這種感受。

例句：我覺得很開心，因為冥想練習讓我想起自己有多愛大自然。

一、

二、

三、

指出兩種身體的知覺感受，各寫一個句子加以描述，並深入探討為什麼你的身體有這種反應。

例句：我覺得很平靜，因為冥想讓我的呼吸慢了下來，也讓我的全副注意力都集中在當下。

一、

二、

隨堂測驗：正面心態填空題

（答案見二七〇頁）

一、我______心裡浮現的一切感受。

二、正念冥想帶我回到______。

三、我練習______，因為我無法控制一切。

四、______是我要走一輩子的旅程。

五、______帶動了興高采烈的感受。

六、為了______，我練習接納。

七、我用設下界線的方式，保護我的______。

八、練習______自己是我愛自己的一種表現。

九、我對愛、機會和人際交流保持______的心胸。

十、我不帶論斷地＿＿＿＿自己的念頭。

十一、傾聽自己的＿＿＿＿時就是我最真實的時候。

十二、我允許各種感受＿＿＿＿。

十三、我值得被愛，我的生命是很＿＿＿＿的。

十四、我所得到的＿＿＿＿讓我敞開心扉迎接愛。

正面心態填空題答案

一、接受　二、當下　三、放手　四、愛自己　五、笑療法　六、成長

七、能量　八、同理　九、開放　十、觀察　十一、心聲　十二、來來去去

十三、可貴　十四、療癒

個人專屬激勵小語

積極正面的激勵小語很有用。激勵小語能在腦內開闢新的神經通路，助我們展望自己想要創造的人生。學會自創個人專屬的激勵小語是一個強大的能力。

你在前一頁填上了十四個詞語，完成了正面心態填空題。現在，取來你的日記本、素描簿或一張紙，從填空題中選五個詞語來造句，自創五句激勵小語。想一想你想創造什麼樣的人生，選一個可以幫助你造出強大的激勵小語的詞彙，別忘了搭配觀想的畫面。

小提示：用積極正面的肯定句，寫下你想要的東西，就彷彿你已經擁有這些東西一樣。

例句：

我選擇（填空題中的某一個答案）一詞。我要做好（你想達成的目標）的功課。

我選擇療癒一詞。我要做好自我同理的功課。

激勵小語：自我同理的療癒能量油然而生，充滿我的全身。

現在輪到你了。把激勵小語貼在你想貼的地方，別忘了搭配觀想的畫面把它唸出來。專屬於你個人的激勵小語將會是最強大的一句激勵小語，越常複誦越好。

重點整理

你已經消化完這本愛自己習作簿要做的功課了，這一章就是一切的總結。謝天謝地，你從這本書學到的辦法不只有助於治療情傷，也能用來培養你對自己的愛，而愛自己是一種持續不斷的練習。這一章為你做好重新出發的準備，讓你可以跟外界有不同的互動，並展現出最新版、最真實的你。別忘了：

- 分手後，在投入下一段戀情之前，每個人覺得自己「準備好了」所需的時間長短不一，何時準備好由你決定。
- 懂得怎麼自創個人專屬的激勵小語是一種強大的技能，搭配觀想的畫面複誦激勵小語可開闢新的神經通路。

- 雙腳接觸土地是一種天人合一、與萬物相連的體驗，並可加強冥想時的感受。
- 雖然這一段學習愛自己的旅途一直著重於內在的發展，但重新出發需要跟外界互動。跟志同道合的人組成一個團體、加深既有的人際關係、尋求心理治療，都能在接下來的旅途中給你支持。
- 重新出發可能令人既期待又怕受傷害！記得要放開心胸。

結語

恭喜！你做完整本愛自己習作簿了。分手很辛苦，但分手的經驗也能誕生出很美的東西，甚至從此改變你的人生。這本習作簿鼓勵你嘗試新事物、探索得更深入一點，並為自己負起治療情傷的責任。有些時候，你可能想放棄；有些題目或習作，你可能想跳過。所以，完成整本書真的是一種成就。在這段深入體驗何謂愛自己的旅途中，你已經向自己證明你知道自己值得愛了。

每天都要好好保養你對自己的這份愛。認識自己和愛自己沒有終點線，因為你總是在改變。你已經備妥一些個人專屬的小工具，只要你想用，隨時都能拿出來用。呼吸法和冥想法永不過期。

只要能誠實地看看自己，接納你不那麼喜歡的部分，如同接受那些耀眼的部分一樣，你就能成為更真實的自己，也就能體驗到天底下最深刻的一種愛——「愛自己」的「愛」。

你生來就有價值。你是愛的體現。你值得快樂。真實的你就是完美的你。現在，你可以將你認識到的自己完整呈現到他人面前，跟全人類分享你的天賦。祝福你繼續耕耘愛的關係、真實的感情，盡你之力讓這一切成為值得的經歷。切記，對任何人事物的愛都始於愛自己！

散播歡樂散播愛，就從愛自己開始。

謝詞

爹地／「老頑童」／我的英雄，謝謝你跟我分享你的智慧，包括讓我知道何時該「閃人」了。媽媽，謝謝你不懈的鞭策。Joey，謝謝你的鼓勵和你的笑容。小甜心Mariah，謝謝你總是讓我依靠，你不只是我的女兒，更是我的朋友。我的兒子「小鐘塔」Niko，你的堅定不移富有感染力，也讓我看到只要我想就做得到！謝謝我的前任們給我的教訓。謝謝我美好的朋友們。親愛的TF，我們永遠都會以愛相連，在愛中一起成長。我很感激此生一切的遭遇和我們共有的人性。愛是唯一。

求助資源

Apps

Bearable: Mood and Symptoms Tracker (mood, sleep, and exercise tracker)
Headspace (meditation)
InsightTimer (free live yoga and meditation)
Shine: Calm Anxiety and Stress (relax your mind and calm your worries)

書籍

All About Love: New Visions by bell hooks

The Alchemist by Paulo Coehlo

Atlas of the Heart: Mapping Meaningful Connection and the Language of Human Experience and *Daring Greatly: How the Courage to Be Vulnerable Transforms the Way We Live, Love, Parent, and Lead* by Brené Brown

Attached: The New Science of Adult Attachment and How It Can Help You Find—and Keep—Love by Amir Levine, MD, and Rachel S. F. Heller, MA

The 5 Love Languages: The Secret to Love That Lasts by Gary Chapman, PhD

The Four Agreements: A Practical Guide to Personal Freedom by Don Miguel Ruiz

How to Survive the Loss of a Love by Harold H. Bloomfield, MD; Melba Colgrove, PhD; and Peter McWilliams

The Mastery of Self: A Toltec Guide to Personal Freedom by Don Miguel Ruiz Jr.

適合伴侶聽的 Podcast

Small Things Often by Julie and John Gottman, Gottman.com/podcast

Unlocking Us with Brené Brown, BreneBrown.com/podcast-show/unlocking-us

Where Should We Begin? with Esther Perel, EstherPerel.com/podcast

與愛自己相關的 Podcast

*Do You F*****G Mind* by Alexis Fernandez, Podcasts.Apple.com/au/podcast/do-you-f-g-mind/id1502954097

On Purpose with Jay Shetty, Open.Spotify.com/show/5EqqB52m2bsr4k1li7sStc

Oprah's Super Soul by Oprah Winfrey, Podcasts.Apple.com/us/podcast/oprahs-super-soul/id1264843400?mt=2

Room to Grow with Emily Gough, Podcasts.Apple.com/us/podcast/room-to-grow-podcast-with-emily-gough/id1402942080

The Road to Self Love by Paul Fishman, RoadToSelfLove.libsyn.com

The Self Love Fix Podcast with Beatrice Kamau, BeatriceKamau.com/podcast

網路

5LoveLanguages.com
BreneBrown.com
Christina-Lopes.com
EstherPerel.com
Gottman.com
LaughterYoga.org
Meetup.com
YourPersonality.net/attachment

心智健康資源及支持

988 – as of July 2022, National Mental Health Crisis Hotline
PsychologyToday.com/us
SuicidePreventionLifeline.org

參考書目

Annesley, Mike. *Practical Mindfulness Book.* Sixth Ed. Future Publishing Limited, 2021.

APA Dictionary of Psychology. "Safety Need." Accessed September 22, 2022. dictionary.apa.org/safety-need.

Aubrey, Allison. "Happiness: It Really Is Contagious." *NPR Morning Edition.* December 5, 2008. npr.org/2008/12/05/97831171/happiness-it-really-is-contagious.

Brown, Brené. *Atlas of the Heart: Mapping Meaningful Connection and the Language of Human Experience.* New York: Penguin Random House, 2021.

Brown, Sarah Jeanne. "5 Self-Soothing Tips to Heal Your Inner Child." *Forbes*, September 2, 2021. forbes.com/sites/womensmedia/2021/09/02/5-self-soothing-tips-to-heal-your-inner-child/?sh=607cf1692f32.

Casabianca, Sandra Silva. "No Joyful Expectations? 9 Types of Hopelessness That May Explain Why." *PsychCentral*, August 30, 2021. psychcentral.com/anxiety/the-9-types-of-hopelessness-and-how-to-overcome-them.

Coelho, Paul. *The Alchemist.* New York: HarperCollins, 1993.

Cohut, Maria. "Generosity Makes You Happier." Medical News Today, July 17, 2017. medicalnewstoday.com/articles/318406.

Croxton, Sean (host). "Dr. Joe Dispenza: "The Moment You Start Feeling Wholeness, Your Healing Begins." *The Quote of the Day Show*, June 15, 2020. seancroxton.com/quote-of-the-day/900.

Divine, Mark. "The Breathing Technique a Navy SEAL Uses to Stay Calm and Focused." *TIME*, May 4, 2016. time.com/4316151/breathing-technique-navy-seal-calm-focused.

Encarnacion, Kaelen. "Love, Actually: The Neurochemistry of Falling in Love." *Nu Sci Magazine*, August 28, 2021. nuscimagazine.com/love-actually-the-neurochemistry-of-falling-in-love.

Gottman, John M. *The Science of Trust: Emotional Attunement for Couples.* New York: W. W. Norton, 2011.

Hendrix, Harville, and Helen LaKelly Hunt. *Getting the Love You Want: A Guide for Couples*. New York: Henry Holt and Company, 1998.

hooks, bell. *All About Love: New Visions*. New York: William Morrow and Company, 2000.

Hoffman Institute Foundation. *Feelings List*. Last modified March 2015. hoffmaninstitute.org/wp-content/uploads/Practices-FeelingsSensations.pdf.

Jung, Carl. *Collected Works of C. G. Jung, Volume 13: Alchemical Studies*, edited by Sir Herbert Read, Michael Fordham, Gerhard Adler, and William McGuire. Princeton, NJ: Princeton University Press, 1967.

Kübler-Ross, Elizabeth, and David Kessler. *On Grief and Grieving: Finding the Meaning of Grief through the Five Stages of Loss*. New York: Scribner, 2014.

Lisitsa, Ellie. "The Four Horsemen: Criticism, Contempt, Defensiveness, and Stonewalling." Gottman Institute. Accessed September 13, 2022. gottman.com/blog/the-four-horsemen-recognizing-criticism-contempt-defensiveness-and-stonewalling.

MacMillan, Amanda. "Being Generous Really Does Make You Happier." *TIME*, July 14, 2017. time.com/4857777/generosity-happiness-brain.

Mora-Ripoll, Ramon. "Simulated Laughter Techniques for Therapeutic Use in Mental Health." *Journal of Psychology & Clinical Psychiatry* 8, no. 2 (October 2017): 00479. doi.org/10.15406/jpcpy.2017.08.00479.

Neff, Kristin. *Self-Compassion: The Proven Power of Being Kind to Yourself.* New York: William Morrow, 2011.

Perel, Esther. *The State of Affairs: Rethinking Infidelity*. New York: HarperCollins, 2017.

Raypole, Crystal. "How to Do a Body Scan Meditation (and Why You Should)." Heathline, March 26, 2020. healthline.com/health/body-scan-meditation.

Rothschild, Babette. *8 Keys to Safe Trauma Recovery: Take-Charge Strategies to Empower Your Healing*. New York: W. W. Norton, 2010.

Ruiz, don Miguel, and Janet Mills. *The Mastery of Love: A Practical Guide to the Art of Relationship: A Toltec Wisdom Book*. San Rafael, California: Amber-Allen Publishing, 1999.

"Self-love." *Merriam-Webster's Collegiate Dictionary.* Accessed September 22, 2022. unabridged.merriam-webster.com/collegiate/self-love.

Shafir, Hailey. "Self-Worth vs. Self-Esteem: Understanding the Differences." Choosing Therapy. Last modified June 29, 2022. choosingtherapy.com/self-worth-vs-self-esteem.

Smookler, Elaine. "Beginner's Body Scan Meditation." *Mindful.* April 11, 2019. mindful.org/beginners-body-scan-meditation.

Temple, Della. *Tame Your Inner Critic: Find Peace and Contentment to Live Your Life on Purpose*. St. Paul, Minnesota: Llewellyn Worldwide, 2015.

The University of Texas at Austin. "Admiral McRaven Addresses the University of Texas at Austin Class of 2014." YouTube video, 19:26. youtube.com/watch?v=yaQZFhrW0fU.

Zeeman, A. "ABC Model of Behavior (Ellis)." Toolshero. Last modified August 28, 2022. toolshero.com/psychology/abc-model-albert-ellis.

國家圖書館出版品預行編目（CIP）資料

感情結束後，一個人的自癒覺醒：療癒分手歷程，找回自我價值，前進更好的未來 / 塔瑪拉．湯普森（Tamara Thompson）著；祁怡瑋譯 . -- 初版 . -- 臺北市：橡實文化出版：大雁出版基地發行，2023.07
面； 公分
譯自：After the breakup : a self-love workbook: a compassionate roadmap to getting over your ex
ISBN 978-626-7313-13-8（平裝）

1.CST: 自信 2.CST: 自我實現 3.CST: 情感轉化

177.2 112007316

BC1122

感情結束後，一個人的自癒覺醒：
療癒分手歷程，找回自我價值，前進更好的未來

After the Breakup: A Self-Love Workbook: A Compassionate Roadmap to Getting Over Your Ex

作　　者　塔瑪拉．湯普森（Tamara Thompson）
譯　　者　祁怡瑋
責任編輯　田哲榮
協力編輯　朗慧
封面設計　斐類設計
內頁構成　歐陽碧智
校　　對　蔡昊恩

發 行 人　蘇拾平
總 編 輯　于芝峰
副總編輯　田哲榮
業務發行　王綬晨、邱紹溢
行銷企劃　陳詩婷
出　　版　橡實文化 ACORN Publishing
地址：10544 臺北市松山區復興北路 333 號 11 樓之 4
電話：02-2718-2001　傳眞：02-2719-1308
網址：www.acornbooks.com.tw
E-mail 信箱：acorn@andbooks.com.tw
發　　行　大雁出版基地
地址：10544 臺北市松山區復興北路 333 號 11 樓之 4
電話：02-2718-2001　傳眞：02-2718-1258
讀者傳眞服務：02-2718-1258
讀者服務信箱：andbooks@andbooks.com.tw
劃撥帳號：19983379　戶名：大雁文化事業股份有限公司

印　　刷　中原造像股份有限公司
初版一刷　2023 年 7 月
定　　價　420 元
I S B N　978-626-7313-13-8